쓰기가
문해력
이다

2단계

초등 2 ~ 3학년 권장

KB193057

| 교 재 내 용 문 의 | 교재 내용 문의는 EBS 초등사이트
(primary.ebs.co.kr)의 교재 Q&A 서비스를
활용하시기 바랍니다. | 교 재 정 오 표 공 지 | 발행 이후 발견된 정오 사항을 EBS 초등사이트
정오표 코너에서 알려 드립니다.
교과/교재 → 교재 → 교재 선택 → 정오표 | 교 재 정 정 신 청 | 공지된 정오 내용 외에 발견된 정오 사항이
있다면 EBS 초등사이트를 통해 알려 주세요.
교과/교재 → 교재 → 교재 선택 → 교재 Q&A |

쓰기가 문해력 이다

2단계

초등 2 ~ 3학년 권장

자신의 생각을 글로 표현하지 못하는 우리 아이?
평생을 살아가는 힘, '문해력'을 키워 주세요!

'쓰기가 문해력이다'

쓰기 학습으로 문해력 키우기

1 읽고 말한 내용을 글로 표현하는 쓰기 학습이 가능합니다.

단순히 많은 글을 읽고 문제를 푸는 것만으로는 쓰기 능력이 늘지 않습니다.
머릿속에 있는 어휘 능력, 독해 능력을 활용하여 내 생각을 글로 표현할 수 있도록
'생각 모으기 → 생각 정리하기 → 글로 써 보기'로 구성하였습니다.

2 대상 학년에 맞게 수준에 맞춰 단계별로 구성하였습니다.

학년별 수준에 따라 체계적인 글쓰기 학습이 가능하도록 저학년 대상 낱말 쓰기 단계부터 고학년 대상 한 편의 글쓰기 단계까지
수준별 글쓰기에 맞춰 '낱말 → 어구 → 문장 → 문단 → 글'의 단계별로 구성하였습니다.

3 단계별 5회×4주 학습으로 부담 없이 다양한 글쓰기 훈련이 가능합니다.

1주 5회의 학습 분량으로 글쓰기에 대한 부담 없이 학습할 수 있도록 커리큘럼을 세분화해서 회별 집중 글쓰기
학습이 되도록 구성하였습니다.
글 쓰는 방법을 자연스럽게 익힐 수 있도록 '어떻게 쓸까요'에서 따라 쓰면서 배운 내용을 '이렇게 써 봐요'에서
직접 써 보면서 글쓰기 방법을 익히도록 구성하였습니다.

4 글의 종류에 따른 구성 요소를 한눈에 알아보도록 디자인화해서 체계적인 글쓰기 학습이 가능합니다.

글의 종류에 따라 글의 구조에 맞게 디자인 구성을 달리하여 시각적으로도 글의 구성을 한눈에 파악할 수 있도록
하여 글쓰기를 쉽고 재미있게 학습하도록 구성하였습니다.

5 상황에 맞는 어휘 활용으로 글쓰기 능력을 향상시킬 수 있습니다.

글쓰기에 필요한 기본 어휘 활용 능력을 향상시킬 수 있도록 부록 구성을 하였습니다.
단계별로 낱말카드, 반대말, 틀리기 쉬운 말, 순우리말, 동음이의어, 속담. 관용표현, 사자성어 등을 상황 설명과
함께 삽화로 구성하여 글쓰기 능력의 깊이와 넓이를 동시에 키워 줍니다.

EBS 〈당신의 문해력〉 교재 시리즈는 약속합니다.

교과서를 잘 읽고 더 나아가 많은 책과 온갖 글을 읽는 능력을 갖출 수 있도록
문해력을 이루는 핵심 분야별, 학습 단계별 교재를 준비하였습니다.
한 권 5회 × 4주 학습으로 아이의 공부하는 힘, 평생을 살아가는 힘을 EBS와 함께 키울 수 있습니다.

어휘가 문해력이다

어휘 실력이 교과서를 읽고 이해할 수 있는지를 결정하는 척도입니다.
〈어휘가 문해력이다〉는 교과서 진도를 나가기 전에 꼭 예습해야 하는 교재입니다.
20일이면 한 학기 교과서 필수 어휘를 완성할 수 있습니다.
교과서 수록 필수 어휘들을 교과서 진도에 맞춰
날짜별, 과목별로 공부하세요.

쓰기가 문해력이다

쓰기는 자기 생각을 표현하는 미래 역량입니다.
서술형, 논술형 평가의 비중은 점점 커지고 있습니다.
객관식과 단답형만으로는 아이들의 생각과 미래를 살펴볼 수 없기 때문입니다.
막막한 쓰기 공부. 이제 단어와 문장부터 하나씩 써 보며 차근차근 학습하는
〈쓰기가 문해력이다〉와 함께 쓰기 지구력을 키워 보세요.

ERI 독해가 문해력이다

독해를 잘하려면 체계적이고 객관적인 단계별 공부가 필수입니다.
기계적으로 읽고 문제만 푸는 독해 학습은 체격만 키우고 체력은 미달인 아이를 만듭니다.
〈ERI 독해가 문해력이다〉는 특허받은 독해 지수 산출 프로그램을 적용하여 글의 난이도를
체계화하였습니다.
단어 · 문장 · 배경지식 수준에 따라 설계된 단계별 독해 학습을 시작하세요.

배경지식이 문해력이다

배경지식은 문해력의 중요한 뿌리입니다.
하루 두 장, 교과서의 핵심 개념을 글과 재미있는 삽화로 익히고 한눈에 정리할 수 있습니다.
시간이 부족하여 다양한 책을 읽지 못하더라도 교과서의 중요 지식만큼은 놓치지 않도록
〈배경지식이 문해력이다〉로 학습하세요.

디지털독해가 문해력이다

디지털독해력은 다양한 디지털 매체 속 정보를 읽어 내는 힘입니다.
아이들이 접하는 디지털 매체는 매일 수많은 정보를 만들어 내기 때문에
디지털 매체의 정보를 판단하는 문해력은 현대 사회의 필수 능력입니다.
〈디지털독해가 문해력이다〉로 교과서 내용을 중심으로 디지털 매체 속 정보를 확인하고
다양한 과제를 해결해 보세요.

쓰기가 문해력이다로
자신 있게 내 생각을 표현하도록 쓰기 능력을 키워 주세요!

〈쓰기가 문해력이다〉는 글쓰기 능력을 향상시킬 수 있는 단계별 글쓰기 교재로, 학습자들에게 글쓰기가 어렵지 않다는 인식이 생기도록 체계적으로 글쓰기 학습을 유도합니다.

"맞춤법에 맞는 낱말 쓰기 연습이 필요해요."
"쉽고 재미있게 써 보는 교재가 좋아요."
"완성된 문장을 쓸 수 있는 비법을 알았으면 좋겠어요."
"생각을 표현하는 데 도움이 되는 글쓰기 교재가 필요해요."
"한 편의 완성된 글쓰기를 체계적으로 쓸 수 있는 교재면 좋겠어요."
"글의 종류에 따른 특징을 알고 쓰는 방법을 익힐 수 있는 교재가 필요해요."

P단계
1주차	자음자와 모음자가 만나 만든 글자
2주차	받침이 없거나 쉬운 받침이 있는 낱말
3주차	받침이 있는 낱말과 두 낱말을 합하여 만든 낱말
4주차	주제별 관련 낱말

1단계
1주차	내가 자주 사용하는 낱말 1
2주차	내가 자주 사용하는 낱말 2
3주차	헷갈리는 낱말과 꾸며 주는 낱말
4주차	바르게 써야 하는 낱말

2단계
1주차	간단한 문장
2주차	자세히 꾸며 쓴 문장
3주차	소개하는 글과 그림일기
4주차	다양한 종류의 쪽지글

3단계
1주차	다양하게 표현한 문장
2주차	사실과 생각을 표현한 문장
3주차	다양한 종류의 편지글
4주차	다양한 형식의 독서 카드

P~1 단계

기초 어휘력 다지기 단계

낱말 중심의
글씨 쓰기 도전

2~3 단계

문장력, 문단 구성력 학습 단계

문장에서 문단으로
글쓰기 실전 도전

4~7 단계

글쓰기 능력 향상 단계

글의 구조에 맞춰
글쓰기 도전

4 단계

1주차	생활문
2주차	독서 감상문
3주차	설명문
4주차	생활 속 다양한 종류의 글

5 단계

1주차	다양한 종류의 글 1
2주차	다양한 종류의 글 2
3주차	의견을 나타내는 글
4주차	형식을 바꾸어 쓴 글

6 단계

1주차	대상에 알맞은 방법으로 쓴 설명문
2주차	다양한 형식의 문학적인 글
3주차	매체를 활용한 글
4주차	주장이 담긴 글

7 단계

1주차	논설문
2주차	발표문
3주차	다양한 형식의 자서전
4주차	다양한 형식의 독후감

이책의 구성과 특징

무엇을 쓸까요

주차별 학습 내용을 한눈에 볼 수 있도록 학습 내용을 알아보기 쉽게 그림과 함께 꾸몄습니다.
1주 동안 배울 내용을 삽화와 글로 표현하여 학습 내용에 대해 미리 엿볼 수 있도록 하였습니다.

어떻게 쓸까요

글쓰기의 방법을 알려 주는 단계로, 글의 구조에 맞게 완성된 한 편의 **글을 쓰는 과정**을 보여 줍니다. 글쓰기의 예로 든 글을 부분부분 따라 써 보면서 글쓰기의 방법을 자연스럽게 익혀 보는 코너입니다.

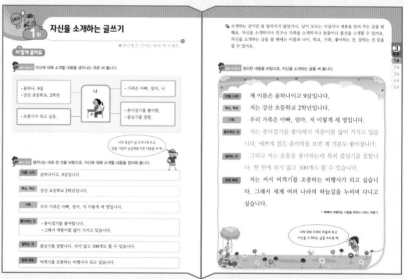

이렇게 써 봐요

'**어떻게 쓸까요**'에서 배운 글쓰기 단계에 맞춰 **나의 글쓰기**를 본격적으로 해 보는 **직접 쓰기 단계**입니다.
'어떻게 쓸까요'에서 배운 글쓰기 과정과 동일한 디자인으로 구성하여 나만의 글쓰기 한 편을 부담 없이 완성해 볼 수 있도록 하였습니다.

아하~ 알았어요

1주 동안 배운 내용을 문제 형식으로 풀어 보도록 구성한 **확인 학습 코너**입니다. 내용에 맞는 다양한 형식으로 제시하여 부담 없이 문제를 풀어 보도록 구성하였습니다.

참 잘했어요

1주 동안 배운 내용과 연계해서 **놀이 형식**으로 꾸민 코너입니다. **창의. 융합 교육을 활용**한 놀이마당 형식으로, 그림을 활용하고 퀴즈 등 다양한 형식으로 구성하여 재미있고 즐거운 마무리 학습이 되도록 하였습니다.

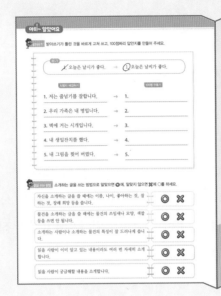

더 알아 두면 좋은 내용이라서 글쓰기에 도움을 주는구나!

혼자서도 자신 있게 한 편의 글을 완성할 수 있다는 것을 알게 해 주네!

부록

각 단계별로 본 책과 연계하여 **더 알아 두면 유익한 내용**을 삽화와 함께 구성하였습니다.

정답과 해설

'이렇게 써 봐요' 단계의 예시 답안을 실어 주어 '어떻게 쓸까요'와 함께 다시 한번 완성된 글들을 읽어 봄으로써 **반복 학습 효과**가 나도록 하였습니다.

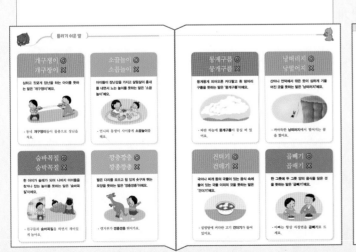

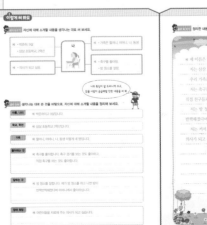

이 책의 차례

3주차

소개하는 글과 그림일기

4주차

다양한 종류의 쪽지글

1주차

간단한 문장

나무 인형 피노키오는 요정이 마법을 부려 사람처럼 말하고 행동하게 되었어요.

하지만 피노키오는 거짓말을 하기만 하면 코가 길어졌답니다.

"나는 요술쟁이다."라고 한 말이 거짓말이었네요.

피노키오가 **"나는 나무 인형이다."**라고 말했거나 **"나는 행복하다."**라고

말했다면 코가 길어지지 않았을 텐데요.

'무엇이 무엇이다' 문장 쓰기

🌸 흐리게 쓴 글자는 따라 써 보세요.

어떻게 쓸까요

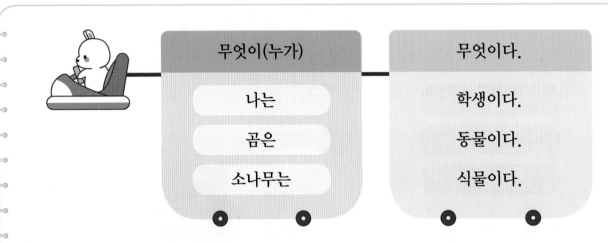

무엇이(누가)	무엇이다.
나는	학생이다.
곰은	동물이다.
소나무는	식물이다.

🖊 '무엇'에 해당하는 부분에는 대상의 이름을 나타내는 말이 와야 합니다.
'무엇이 무엇이다.'는 때에 따라 '누가 무엇이다.'나 '무엇은 무엇이다.'라고도 씁니다.

'무엇이(누가)'는 주로 '은, 는, 이, 가'가 붙어 문장에서 주인 역할을 해.

 문장의 짜임 배우기 '무엇이 무엇이다'의 '무엇'에는 이름을 나타내는 말이 들어갑니다.

나는 장영실이다.

나는 과학자이다.

장영실은 과학자이다.

이것은 사과이다.

이것은 과일이다.

사과는 과일이다.

 **문장의 짜임 익히기** 그림을 보고 문장의 짜임 '무엇이 무엇이다'에 알맞게 따라 써 봅니다.

나는 학생이다.

케이크는 음식이다.

코스모스는 식물이다.

고양이는 동물이다.

> 동물은 스스로 움직일 수 있는 것이고, 식물은 혼자 힘으로는 움직일 수 없는 것이야.

 문장 써 보기 그림을 보고 '무엇이 무엇이다'의 짜임으로 된 문장을 따라 써 봅니다.

| 장 | 미 | 는 | | 꽃 | 이 | 다 | . | | |

| 나 | 비 | 는 | | 곤 | 충 | 이 | 다 | . | |

| 북 | 극 | 곰 | 은 | | 동 | 물 | 이 | 다 | . |

문장의 짜임 익히기   그림을 보고 빈칸에 알맞은 '무엇'에 해당하는 말을 보기 에서 찾아 써 보세요.

보기

| 딸기 | 색연필 | 악기 | 한복 |
| 경찰관 | 비행기 | 배추 | 구두 |

[   ] 는 과일이다.

[   ] 는 채소이다.

[   ] 는 신발이다.

피아노는 [   ] 이다.

[   ] 은 옷이다.

아버지는 [   ] 이다.

이것은 [   ] 이다.

저것은 [   ] 이다.

문장 써 보기　그림을 보고 주어진 말로 '무엇이 무엇이다'의 짜임으로 문장을 써 보세요.

| 하마는 | 동물이다. |

| 동물이다. | 기린은 |

| 해바라기는 | 꽃이다. |

| 시계이다. | 이것은 |

| 비둘기는 | 새이다. |

'무엇이 어찌하다' 문장 쓰기

🌸 흐리게 쓴 글자는 따라 써 보세요.

어떻게 쓸까요

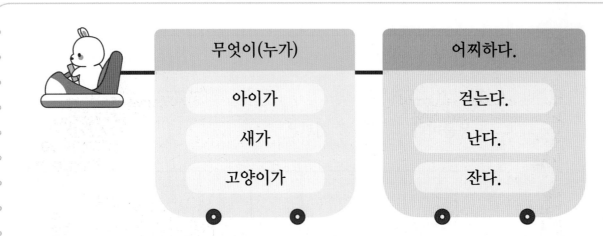

무엇이(누가)	어찌하다.
아이가	걷는다.
새가	난다.
고양이가	잔다.

💬 '어찌하다'에는 움직임이나 행동 등을 나타내는 말이 들어갑니다.
'아이가 걷는다.'라는 문장에서 '걷는다'는 '무엇이(누가)'에 해당하는 '아이'의 움직임을 나타내는 말입니다.

> '어찌하다'에는 대상 '무엇이(누가)'의 움직임이나 행동을 나타내는 말이 들어가.

 **문장의 짜임 배우기** '어찌하다'에는 움직임을 나타내는 말이 들어갑니다.

나비가 **난다.**

강아지가 **달린다.**

개미가 **기어간다.**

동생이 **춤춘다.**

오빠가 **노래한다.**

언니가 **웃는다.**

 **문장의 짜임 익히기** 그림을 보고 문장의 짜임 '무엇이 어찌하다'에 알맞게 '어찌하다'에 해당하는 말을 따라 써 봅니다.

아기가 **잔다.**

비둘기가 **날아간다.**

다람쥐가 **논다.**

개가 **짖는다.**

> 먼저 '누가, 무엇이'에 해당하는 말을 찾아보고, 그것의 동작이나 움직임을 나타내는 말을 생각하면 돼.

 **문장 써 보기** 그림을 보고 '무엇이 어찌하다'의 짜임으로 된 문장을 따라 써 봅니다.

| 공 | 이 | | 굴 | 러 | 간 | 다 | . | | |

| 물 | 고 | 기 | 가 | | 헤 | 엄 | 친 | 다 | . |

| 거 | 북 | 이 | 가 | | 기 | 어 | 간 | 다 | . |

문장의 짜임 익히기 그림을 보고 빈칸에 알맞은 '어찌하다'에 해당하는 말을 보기 에서 찾아 써 보세요.

보기

뛰어간다	웃는다	울린다
날아간다	돈다	피었다

원숭이가 [　　　　　].

바람개비가 [　　　　　].

무궁화꽃이 [　　　　　].

종이 [　　　　　].

풍선이 [　　　　　].

토끼가 [　　　　　].

날아간다. 독수리가

| | | | | | | | | | |

돌아간다. 풍차가

| | | | | | | | | | |

기차가 달린다.

| | | | | | | | | | |

피었다. 국화꽃이

| | | | | | | | | | |

'무엇이 어떠하다' 문장 쓰기

3회

🌸 흐리게 쓴 글자는 따라 써 보세요.

어떻게 쓸까요

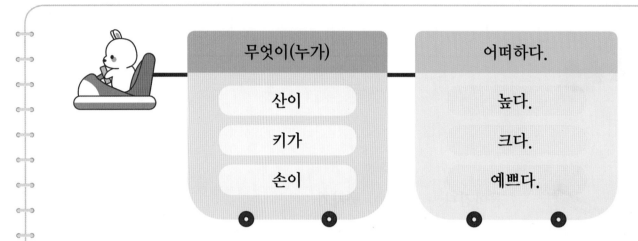

무엇이(누가)	어떠하다.
산이	높다.
키가	크다.
손이	예쁘다.

🔖 '어떠하다'에는 성질이나 상태를 나타내는 말이 들어갑니다.
'산이 높다.'라는 문장에서 '높다'는 '무엇이(누가)'에 해당하는 '산'의 성질이나 상태를 나타내는 말입니다.

> '하늘이 어때?', '아이스크림이 어때?'와 같은 질문에서 어때(어떠하다)에 해당하는 '무엇'의 상태나 성질을 생각해 봐!

 **문장의 짜임 배우기** '어떠하다'에는 성질이나 상태를 나타내는 말이 들어갑니다.

하늘이 **파랗다**.

아이들은 **즐겁다**.

아이스크림이 **맛있다**.

바람이 **시원하다**.

단풍이 **아름답다**.

솜사탕이 **달콤하다**.

 **문장의 짜임 익히기** 그림을 보고 문장의 짜임 '무엇이 어떠하다'에 알맞게 '어떠하다'에 해당하는 말을 따라 써 봅니다.

상자가 **크다.**

운동장이 **넓다.**

은행잎이 **노랗다.**

약이 **쓰다.**

먼저 '누가, 무엇이'에 해당하는 말을 찾아보고, 그것의 상태나 성질을 나타내는 말을 생각하면 돼.

 **문장 써 보기** 그림을 보고 '무엇이 어떠하다'의 짜임으로 된 문장을 따라 써 봅니다.

| 얼 | 음 | 이 | | 차 | 갑 | 다 | . | | |

| 딸 | 기 | 잼 | 이 | | 달 | 다 | . | | |

| 땅 | 콩 | 이 | | 고 | 소 | 하 | 다 | . | |

 문장의 짜임 익히기 그림을 보고 빈칸에 알맞은 '어떠하다'에 해당하는 말을 보기 에서 찾아 써 보세요.

보기

넓다	길다	미끄럽다
멋있다	재미있다	아름답다

호수가 ⬜⬜⬜ .

별이 ⬜⬜⬜ .

축구가 ⬜⬜⬜ .

길이 ⬜⬜⬜ .

불꽃놀이가 ⬜⬜⬜ .

오이가 ⬜⬜⬜ .

끈적끈적하다.   꿀이

바다가   깊다.

따뜻하다.   봄은

빠르다.   비행기는

'무엇이 무엇을 어찌하다' 문장 쓰기

🌸 흐리게 쓴 글자는 따라 써 보세요.

어떻게 쓸까요

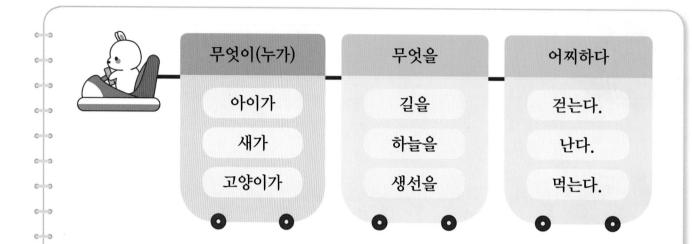

무엇이(누가)	무엇을	어찌하다
아이가	길을	걷는다.
새가	하늘을	난다.
고양이가	생선을	먹는다.

🔖 '무엇을'에는 '어찌하다'의 대상이 되는 말이 들어갑니다. 문장에는 꼭 '무엇을'을 넣어야 문장의 뜻이 더욱 분명해지는 문장이 있습니다.

> '무엇을'에 해당하는 낱말에는 '을' 또는 '를'이 붙어!

 **문장의 짜임 배우기** '무엇을'에는 '어찌하다'와 관계되는 말이 들어갑니다.

형이 읽는다.

형이 **동화책을** 읽는다.

형이 동화책을 읽는다.

우리는 부른다.

우리는 **노래를** 부른다.

우리는 노래를 부른다.

 그림을 보고 문장의 짜임 '무엇이 무엇을 어찌하다'에 알맞게 '무엇을 어찌하다'에 해당하는 말을 따라 써 봅니다.

투수가 공을 던진다.

원숭이가 바나나를 먹는다.

요리사가 음식을 만든다.

다람쥐가 바퀴를 돌린다.

 문장 써 보기 그림을 보고 '무엇이 무엇을 어찌하다'의 짜임으로 된 문장을 따라 써 봅니다.

| 오 | 리 | 가 | | 헤 | 엄 | 을 | | 친 | 다 | . |

| 오 | 빠 | 가 | | 손 | 을 | | 씻 | 는 | 다 | . |

| 사 | 슴 | 이 | | 물 | 을 | | 먹 | 는 | 다 | . |

문장의 짜임 익히기 그림을 보고 빈칸에 알맞은 '무엇을'에 해당하는 말을 보기 에서 찾아 써 보세요.

보기

| 윷을 | 낚시를 | 들판을 |
| 나뭇잎을 | 헤엄을 | 당근을 |

토끼가 [   ] 먹는다.

애벌레가 [   ] 먹는다.

돌고래가 [   ] 친다.

말이 [   ] 달린다.

할아버지가 [   ] 한다.

아버지가 [   ] 던진다.

 그림을 보고 주어진 말로 '무엇이 무엇을 어찌하다'의 짜임으로 문장을 써 보세요.

| 딴다. | 농부가 | 고추를 |

| | | | | | | | |
| | | | | | | | |

| 꽃을 | 심는다. | 선생님이 |

| | | | | | | | |
| | | | | | | | |

| 갈매기가 | 난다. | 하늘을 |

| | | | | | | | |
| | | | | | | | |

'무엇이 무엇이 되다/아니다' 문장 쓰기

❀흐리게 쓴 글자는 따라 써 보세요.

어떻게 쓸까요

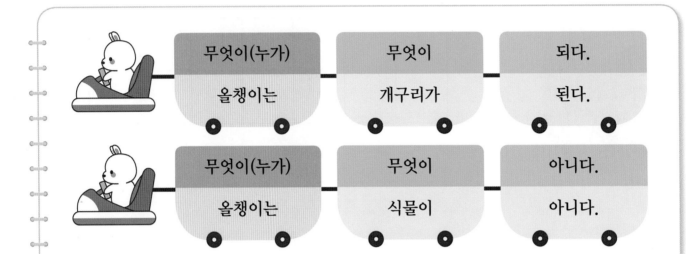

| 무엇이(누가) | 무엇이 | 되다. |
| 올챙이는 | 개구리가 | 된다. |

| 무엇이(누가) | 무엇이 | 아니다. |
| 올챙이는 | 식물이 | 아니다. |

🗨 '되다, 아니다'로 끝나는 문장에서는 중간에 문장의 뜻을 보충해 주는 말이 들어갑니다. '개구리가', '식물이'를 빼고 '올챙이는 된다.'나 '올챙이는 아니다.'라고 쓰면 문장의 뜻이 완전하지 않게 됩니다.

> 가운데에 오는 '무엇이'에는 '이'나 '가'가 붙어!

 **문장의 짜임 배우기** 가운데에 오는 '무엇이'에는 '되다/아니다'를 보충해 주는 말이 들어갑니다.

- 송아지는 된다.
  송아지는 **소가 된다.**
- 송아지는 아니다.
  송아지는 **곤충이 아니다.**

- 애벌레는 된다.
  애벌레는 **나비가 된다.**
- 애벌레는 아니다.
  애벌레는 **새가 아니다.**

그림을 보고 문장의 짜임 '무엇이 무엇이 되다/아니다'에 알맞게 '무엇이 되다', '무엇이 아니다'에 해당하는 말을 따라 써 봅니다.

망아지는 말이 된다.

나는 어른이 아니다.

앞의 '무엇이'에는 '은, 는, 이, 가'가
붙고, 뒤의 '무엇이'에는 '이, 가'가 붙어!

 문장 써 보기

그림을 보고 '무엇이 무엇이 되다', '무엇이 무엇이 아니다'의 짜임으로 된 문장을 따라 써 봅니다.

| 동 | 생 | 은 | | 초 | 등 | 학 | 생 | 이 |
| 된 | 다 | . | | | | | | |

| 동 | 생 | 은 | | 어 | 른 | 이 | | 아 |
| 니 | 다 | . | | | | | | |

| 병 | 아 | 리 | 는 | | 닭 | 이 | | 된 |
| 다 | . | | | | | | | |

| 병 | 아 | 리 | 는 | | 곤 | 충 | 이 | |
| 아 | 니 | 다 | . | | | | | |

문장의 짜임 익히기 그림을 보고 빈칸에 알맞은 '무엇이'에 해당하는 말을 보기 에서 찾아 써 보세요.

보기

간호사가	새가	곤충이
개가	물이	매미가

강아지는 [　　　　] 된다.

애벌레는 [　　　　] 된다.

언니는 [　　　　] 되었다.

얼음이 [　　　　] 되었다.

잠자리는 [　　　　] 아니다.

비둘기는 [　　　　] 아니다.

문장 써 보기 1 그림을 보고 주어진 말로 '무엇이 무엇이 되다'의 짜임으로 문장을 써 보세요.

| 이모는 | | 군인이 | | 의사가 | | 삼촌은 | | 되었다. |

문장 써 보기 2 그림을 보고 주어진 말로 '무엇이 무엇이 아니다'의 짜임으로 문장을 써 보세요.

| 감자는 | | 과일이 | | 양파는 | | 아니다. |

받아쓰기 받아쓰기가 틀린 것을 바르게 고쳐 쓰고, 100점짜리 답안지를 만들어 주세요.

보기

~~1.~~ 다람지가 논다. → ①다람쥐가 논다.

시험지 채점하기   100점 만들기

1. 고양이는 동물이다. → 1. _____

2. 원숭이가 운는다. → 2. _____

3. 얼음이 차갑다. → 3. _____

4. 오빠가 손을 씬는다. → 4. _____

5. 잠자리는 새가 아니다. → 5. _____

바른 문장쓰기 맞게 쓴 문장은 ◎에, 틀리게 쓴 문장은 ✖에 ○표 하세요.

토끼가 당근이 먹는다. ◎ ✖

물고기가 헤엄친다. ◎ ✖

송아지는 소를 된다. ◎ ✖

양파는 과일이 아니다. ◎ ✖

짝짓기

친구들과 함께 짝짓기 놀이를 하며 문장을 만들어 보세요.

힌트: 같은 동작을 하고 있는 친구끼리 모이면 문장이 만들어집니다.

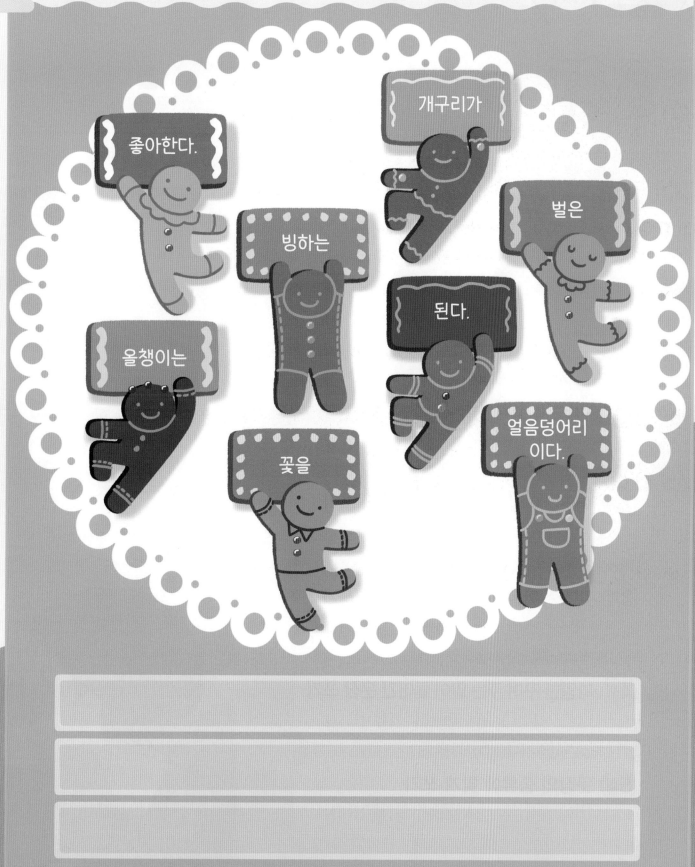

2주차

자세히 꾸며 쓴 문장

무엇을 쓸까요

와! 예쁜 선수가 스케이트도 멋지게 타네!

아이들이 실내 스케이트장에서 경기를 관람하고 있네요.

선수가 스케이트를 타는 장면을 보고 서로 묻고 답하거나

박수를 치며 감탄하고 있는데, '예쁜 선수'라거나 '멋지게 타네!'라는 등

꾸며 주는 말을 써서 느낌을 더 자세하고 실감 나게 표현하고 있어요.

'어떤'이 꾸며 주는 문장 쓰기

🌸흐리게 쓴 글자는 따라 써 보세요.

어떻게 쓸까요

어떤	무엇이(누가)	무엇을	어찌하다.
귀여운	다람쥐가	도토리를	먹는다.

🔖'어떤'에 해당하는 '귀여운'은 '다람쥐'를 꾸며 주는 말입니다. 이렇게 꾸며 주는 말을 넣으면 '무엇이(누가)'를 더 자세하고 구체적으로 표현할 수 있습니다.

 **문장의 짜임 배우기** '무엇이'를 꾸며 주는 '어떤'이 들어간 문장을 배워 봅니다.

나비가 꽃밭을 날아다닌다.

노란 나비가 꽃밭을 날아다닌다.

호랑이가 물을 먹는다.

목마른 호랑이가 물을 먹는다.

동생이 아버지를 돕는다.

착한 동생이 아버지를 돕는다.

문장의 짜임 익히기 그림을 보고 '어떤 무엇이'에 해당하는 말을 따라 써 봅니다.

커다란 코끼리가 물을 뿜는다.

귀여운 판다가 대나무를 먹는다.

뚱뚱한 곰이 겨울잠을 잔다.

날쌘 치타가 사냥을 한다.

문장 써 보기 그림을 보고 '어떤 무엇이 무엇을 어찌하다'의 짜임으로 된 문장을 따라 써 봅니다.

	착	한		흥	부	가		제
비	를		구	한	다	.		

	심	술	궂	은		놀	부	가
동	생	을		내	쫓	는	다	.

 문장의 짜임 익히기 그림을 보고 빈칸에 알맞은 '어떤 무엇이'에 해당하는 말을 보기 에서 찾아 써 보세요.

보기

배고픈　　　　빨간　　　　동생이

잠자리가　　　심심한　　　아기가

⬚ ⬚ 우유를 먹는다.

⬚ ⬚ 그림을 그린다.

⬚ ⬚ 하늘을 난다.

그림을 보고 주어진 말로 '어떤 무엇이 무엇을 어찌하다'의 짜임으로 문장을 써 보세요.

2
주차
1회
2회
3회
4회
5회

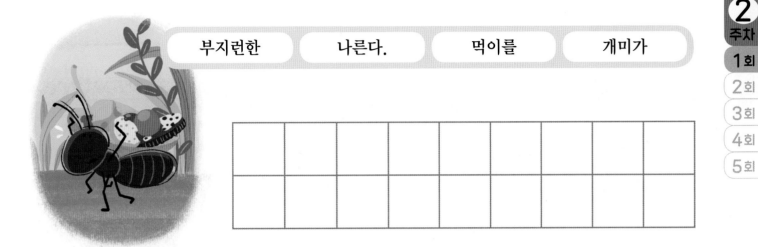

부지런한	나른다.	먹이를	개미가

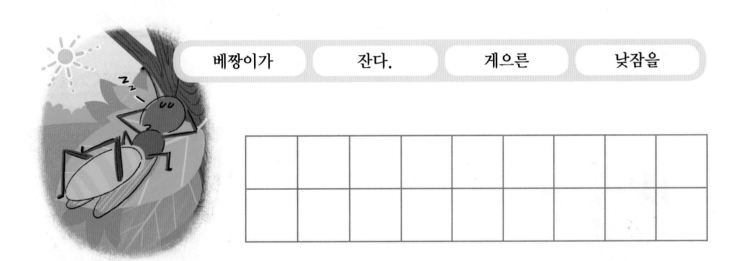

베짱이가	잔다.	게으른	낮잠을

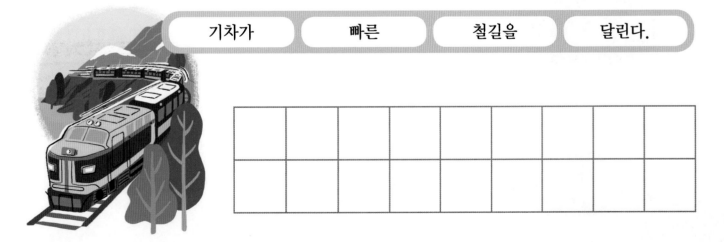

기차가	빠른	철길을	달린다.

'어떤', '어떻게'가 꾸며 주는 문장 쓰기 1

🌸 흐리게 쓴 글자는 따라 써 보세요.

 **어떻게 쓸까요**

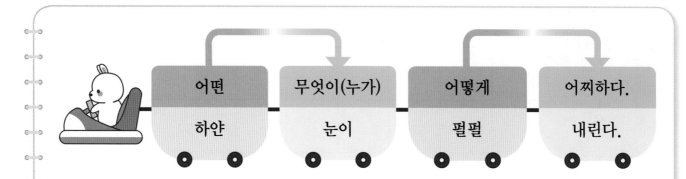

어떤	무엇이(누가)	어떻게	어찌하다.
하얀	눈이	펄펄	내린다.

🫛 '어떤'에 해당하는 '하얀'은 '눈'을 꾸며 주고, '어떻게'에 해당하는 '펄펄'은 '내린다'를 꾸며 주는 말입니다. 꾸며 주는 말을 넣으면 문장을 더 자세하고 실감 나게 표현할 수 있습니다.

문장의 짜임 배우기 '무엇이', '어찌하다'를 꾸며 주는 '어떤', '어떻게'가 들어간 문장을 배워 봅니다.

바람이 분다.

시원한 바람이 살랑살랑 분다.

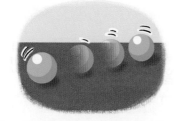

구슬이 굴러간다.

동그란 구슬이 데굴데굴 굴러간다.

고래가 헤엄친다.

커다란 고래가 힘차게 헤엄친다.

 **문장의 짜임 익히기** 그림을 보고 '무엇이', '어찌하다'를 꾸며 주는 '어떤', '어떻게'에 해당하는 말을 따라 써 봅니다.

탐스러운 사과가 주렁주렁 열렸다.

매서운 겨울바람이 세차게 분다.

 **문장 써 보기** 그림을 보고 '어떤 무엇이 어떻게 어찌하다'의 짜임으로 된 문장을 따라 써 봅니다.

| 귀 | 여 | 운 | | 토 | 끼 | 가 | | 깡 |
| 충 | 깡 | 충 | | 뛰 | 어 | 간 | 다 | . |

| 굵 | 은 | | 빗 | 방 | 울 | 이 | | 힘 |
| 차 | 게 | | 떨 | 어 | 진 | 다 | . | |

문장의 짜임 익히기 그림을 보고 빈칸에 '무엇이', '어찌하다'를 꾸며 주는 '어떤', '어떻게'에 해당하는 말을 보기에서 찾아 써 보세요.

보기

| 뜨거운 | 검은 | 빠르게 |
| 거대한 | 쨍쨍 | 성큼성큼 |

[　　　　] 공룡이 [　　　　] 걸어간다.

[　　　　] 햇볕이 [　　　　] 내리쬔다.

[　　　　] 구름이 [　　　　] 몰려온다.

황소가		무섭게		달려온다.		성난	

꿈틀꿈틀		애벌레가		작은		기어간다.	

연기한다.		어린		선수가		멋지게	

'어떤', '어떻게'가 꾸며 주는 문장 쓰기 2

🌸흐리게 쓴 글자는 따라 써 보세요.

어떻게 쓸까요

무엇이(누가)	어떤	무엇을	어떻게	어찌하다
하마가	커다란	입을	크게	벌렸다.

🔹'무엇을'과 '어찌하다'를 꾸며 주는 말을 넣어 '무엇이(누가) 어떤 무엇을 어떻게 어찌하다'의 짜임으로 문장 쓰기를 배워 봅니다. 무엇이(누가)는 문장에서 주인 역할을 합니다. '커다란'은 '입'을, '크게'는 '벌렸다'를 꾸며 주는 말입니다.

 **문장의 짜임 배우기** '무엇을', '어찌하다'를 꾸며 주는 '어떤', '어떻게'가 들어간 문장을 배워 봅니다.

아버지께서 마당을 쓰신다.

아버지께서 넓은 마당을 깨끗이 쓰신다.

언니가 찌개를 끓인다.

언니가 맛있는 찌개를 보글보글 끓인다.

 **문장의 짜임 익히기** 그림을 보고 '무엇을', '어찌하다'를 꾸며 주는 '어떤', '어떻게'에 해당하는 말을 따라 써 봅니다.

2
주차
1회
2회
3회
4회
5회

 아기가 작은 딸랑이를 딸랑딸랑 흔든다.

 고양이가 폭신한 실타래를 이리저리 굴린다.

 **문장 써 보기** 그림을 보고 '무엇이 어떤 무엇을 어떻게 어찌하다'의 짜임으로 된 문장을 따라 써 봅니다.

아	이	가		고	소	한	
우	유	를		꿀	꺽	꿀	꺽
마	신	다	.				

할	아	버	지	께	서		낡
은		대	문	을		파	랗	게
칠	하	신	다	.			

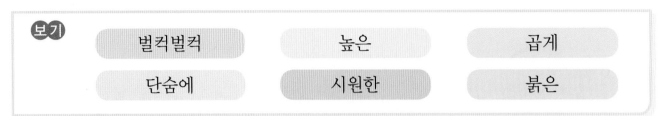

문장의 짜임 익히기 그림을 보고 빈칸에 '무엇을', '어찌하다'를 꾸며 주는 '어떤', '어떻게'에 해당하는 말을 보기에서 찾아 써 보세요.

보기

| 벌컥벌컥 | 높은 | 곱게 |
| 단숨에 | 시원한 | 붉은 |

원숭이가 [   ] 나무를 [   ] 올라간다.

오빠가 [   ] 물을 [   ] 마신다.

어머니께서 [   ] 당근을 [   ] 다지신다.

2
주차
1회
2회
3회
4회
5회

부지런히	달콤한	꿀을	벌이	나른다.

예쁘게	맛있는	만두를	만드신다.	할머니께서

빙글빙글	긴	리본을	선수가	돌린다.

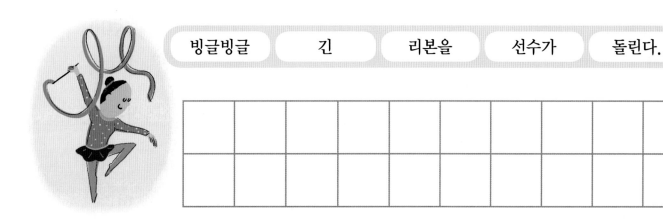

다양한 꾸며 주는 말이 들어간 문장 쓰기

🌸 흐리게 쓴 글자는 따라 써 보세요.

어떻게 쓸까요

어떤	무엇이(누가)	꾸며 주는 말	무엇을	어찌하다.
짓궂은	형이	동생에게	물을	뿌린다.

🔖 '무엇을 어찌하다' 앞에 꾸며 주는 말로 '누구에게', '누구보다', '무엇으로', '어디에', '어디에서' 등의 말을 넣으면 문장의 뜻이 더욱 자세하고 명확해집니다.

문장의 짜임 배우기 '누구에게', '누구보다', '무엇으로', '어디에', '어디에서'의 꾸며 주는 말이 들어간 문장을 배워 봅니다.

어떤	무엇이(누가)	꾸며 주는 말	무엇을	어찌하다
다정한	아빠가	누구에게 나에게	미소를	짓는다.
날쌘	얼룩말은	누구보다 곰보다	달리기를	잘한다.
화난	침팬지가	무엇으로 주먹으로	나무를	때린다.
귀여운	아이들이	어디에 꽃밭에	꽃을	심는다.
친한	친구들이	어디에서 교실에서	놀이를	한다.

신난 아이들이 **바구니에** 공을 던진다.

꼼꼼한 언니는 **나보다** 가위질을 잘한다.

 **문장 써 보기** 그림을 보고 다양한 꾸며 주는 말이 들어간 문장을 따라 써 봅니다.

멋	있	는		삼	촌	이
사	진	기	로	개	구	리를
찍	는	다.				

부	지	런	한		어	부	가
바	다	에	서		고	기	를
잡	는	다	.				

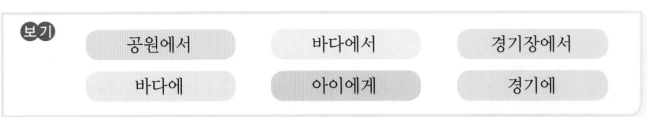

문장의 짜임 익히기 그림을 보고 빈칸에 '무엇을 어찌하다' 앞에서 꾸며 주는 말로 알맞은 말을 보기 에서 찾아 자세하게 써 보세요.

보기

| 공원에서 | 바다에서 | 경기장에서 |
| 바다에 | 아이에게 | 경기에 |

• 친절한 할머니께서 [   ] 귤을 주셨다.

• 귀여운 꼬마가 [   ] 할머니를 만났다.

• 세찬 바람이 [   ] 파도를 만든다.

• 작은 배가 [   ] 풍랑을 만났다.

• 훌륭한 선수들이 [   ] 시합을 한다.

• 다양한 선수들이 [   ] 최선을 다한다.

| 낙엽을 | 형제가 | 줍는다. | 마당에서 | 사이좋은 |

| 돌로 | 해달은 | 영리한 | 깬다. | 조개를 |

| 공부보다 | 활동적인 | 형은 | 좋아한다. | 운동을 |

문장의 종류에 맞게 쓰기

🌸흐리게 쓴 글자는 따라 써 보세요.

어떻게 쓸까요

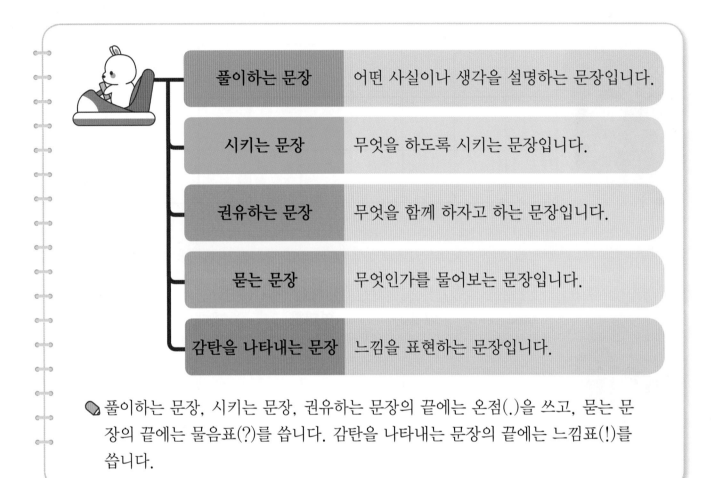

풀이하는 문장	어떤 사실이나 생각을 설명하는 문장입니다.
시키는 문장	무엇을 하도록 시키는 문장입니다.
권유하는 문장	무엇을 함께 하자고 하는 문장입니다.
묻는 문장	무엇인가를 물어보는 문장입니다.
감탄을 나타내는 문장	느낌을 표현하는 문장입니다.

🏷️ 풀이하는 문장, 시키는 문장, 권유하는 문장의 끝에는 온점(.)을 쓰고, 묻는 문장의 끝에는 물음표(?)를 씁니다. 감탄을 나타내는 문장의 끝에는 느낌표(!)를 씁니다.

문장의 종류 배우기 문장의 종류에 맞게 문장 쓰기를 배워 봅니다.

풀이하는 문장	책을 읽는다.
시키는 문장	책을 읽어라.
권유하는 문장	책을 읽자.
묻는 문장	책을 읽니?
감탄을 나타내는 문장	책을 읽는구나!

문장의 종류 익히기 그림을 보고 문장의 종류에 맞게 문장을 써 봅니다.

풀이하는 문장	친구와 함께 빵을 먹는다.
시키는 문장	친구와 함께 빵을 먹어라.
권유하는 문장	친구와 함께 빵을 먹자.
묻는 문장	친구와 함께 빵을 먹을래?
감탄을 나타내는 문장	친구와 함께 빵을 먹는구나!

문장 써 보기 그림을 보고 문장의 종류에 맞게 문장을 따라 써 봅니다.

 풀이하는 문장

| 가 | 방 | 을 | | 메 | 고 | | 도 |
| 서 | 관 | 에 | | 간 | 다 | . | |

 시키는 문장

| | 화 | 단 | 에 | | 있 | 는 | | 꽃 |
| 을 | | 꺾 | 지 | | 말 | 아 | 라 | . |

 권유하는 문장

| | 주 | 말 | 에 | | 등 | 산 | 을 |
| 같 | 이 | | 가 | 자 | . | | |

 묻는 문장

| | 지 | 금 | | 밖 | 에 | | 비 | 가 |
| 오 | 니 | ? | | | | | | |

 감탄을 나타내는 문장

| | 일 | 곱 | | 빛 | 깔 | | 무 | 지 |
| 개 | 가 | | 아 | 름 | 답 | 구 | 나 | ! |

문장의 종류 익히기 │ 그림을 보고 '풀이하는 문장'을 지시하는 문장으로 바꾸어 써 보세요.

풀이하는 문장 → 권유하는 문장

미래를 위해 환경 보호를 한다.

풀이하는 문장 → 시키는 문장

건강을 위해 아침마다 운동을 한다.

풀이하는 문장 → 묻는 문장

동생과 함께 숙제를 한다.

풀이하는 문장 → 감탄을 나타내는 문장

바다의 신, 포세이돈은 난폭하다.

2
주차
1회
2회
3회
4회
5회

열어라	창문을	활짝	.

제주도는	섬이다	아름다운	.

선물로	생일	받을까	무엇을	?

매우	저녁노을이	아름답구나	!

받아쓰기 받아쓰기가 틀린 것을 바르게 고쳐 쓰고, 100점짜리 답안지를 만들어 주세요.

보기

~~1~~. 배짱이가 낮잠을 잔다. → ①베짱이가 낮잠을 잔다.

시험지 채점하기		100점 만들기

1. 노란 나비가 꽃밭을
   날아다닌다.

→ 1.

2. 메서운 바람이 세차게 분다.

→ 2.

3. 지금 밖에 비가 오니?

→ 3.

4. 어머니께서 불근 당근을
   곱게 다지신다.

→ 4.

5. 탐스러운 사과가 주렁주렁
   열렸다.

→ 5.

 바른 문장쓰기 짜임에 알맞게 쓴 문장은 ◎에, 틀리게 쓴 문장은 ✖에 ○표 하세요.

목마른 호랑이가 물을 마신다.

뚱뚱한 곰을 겨울잠이 잔다.

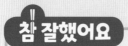

규칙대로
넣기

🐭규칙을 찾아 비어 있는 자리에 들어갈 고양이를 찾아 문장을 만들어 보세요.

힌트: 비어 있는 자리에 들어갈 고양이가 깔고 앉은 낱말을 쓰면 문장이 완성됩니다.

| 귀여운 | 고양이가 | 하품을 | 크게 | 한다. |

3주차

소개하는 글과 그림일기

나는 팅커벨이라고 해.

오늘은 줄 인형극 공연을 보고 왔어요.

인형극이 시작될 때 등장인물들이 날아다니면서

자신을 소개한 장면을 떠올려 그림일기를 쓸래요.

주인공 피터 팬, 귀여운 요정 팅커벨, 피터 팬의 친구 웬디~~.

네버랜드의 친구들과 함께 놀고 싶은 내 마음을 전해 볼래요.

자신을 소개하는 글쓰기

🌸 흐리게 쓴 글자는 따라 써 보세요.

 어떻게 쓸까요

 **생각 모으기** 자신에 대해 소개할 내용을 생각나는 대로 써 봅니다.

- 윤하나, 9살
- 강산 초등학교, 2학년

나

- 가족은 아빠, 엄마, 나

- 조종사가 되고 싶음.

- 종이접기를 좋아함.
- 줄넘기를 잘함.

> 나의 특징이 잘 드러나게 쓰고,
> 읽을 사람이 궁금해할 만한 내용을 써 봐.

 생각 정리 생각나는 대로 쓴 것을 바탕으로, 자신에 대해 소개할 내용을 정리해 봅니다.

이름, 나이
윤하나이고, 9살입니다.

학교, 학년
강산 초등학교 2학년입니다.

가족
우리 가족은 아빠, 엄마, 저 이렇게 세 명입니다.

좋아하는 것
- 종이접기를 좋아합니다.
- 그래서 색종이를 많이 가지고 있습니다.

잘하는 것
줄넘기를 잘합니다. 쉬지 않고 100개도 할 수 있습니다.

장래 희망
여객기를 조종하는 비행사가 되고 싶습니다.

소개하는 글이란 잘 알려지지 않았거나, 남이 모르는 사실이나 내용을 알려 주는 글을 말해요. 자신을 소개하거나 친구나 가족을 소개하거나 동물이나 물건을 소개할 수 있어요. 자신을 소개하는 글을 쓸 때에는 이름과 나이, 학교, 가족, 좋아하는 것, 잘하는 것 등을 쓸 수 있어요.

글로 써 보기 정리한 내용을 바탕으로, 자신을 소개하는 글을 써 봅니다.

이름, 나이	제 이름은 윤하나이고 9살입니다.
학교, 학년	저는 강산 초등학교 2학년입니다.
가족	우리 가족은 아빠, 엄마, 저 이렇게 세 명입니다.
좋아하는 것	저는 종이접기를 좋아해서 색종이를 많이 가지고 있습니다. 예쁘게 접은 종이학을 보면 제 기분도 좋아집니다.
잘하는 것	그리고 저는 운동을 좋아하는데 특히 줄넘기를 잘합니다. 한 번에 쉬지 않고 100개도 할 수 있습니다.
장래 희망	저는 커서 여객기*를 조종하는 비행사가 되고 싶습니다. 그래서 세계 여러 나라의 하늘길을 누비며 다니고 싶습니다.

* **여객기** 여행하는 사람을 태워서 나르는 비행기.

나에 대해 자세히 떠올려 보고
자신을 소개하는 글을 쓰도록 해.

생각 모으기 자신에 대해 소개할 내용을 생각나는 대로 써 보세요.

나

> 나의 특징이 잘 드러나게 쓰고,
> 읽을 사람이 궁금해할 만한 내용을 써 봐.

생각 정리 생각나는 대로 쓴 것을 바탕으로, 자신에 대해 소개할 내용을 정리해 보세요.

이름, 나이

학교, 학년

가족

좋아하는 것

잘하는 것

장래 희망

 **글로 써 보기** 정리한 내용을 바탕으로, 자신을 소개하는 글을 써 보세요.

나에 대해 자세히 떠올려 보고
자신을 소개하는 글을 쓰도록 해.

가족을 소개하는 글쓰기

🌸 흐리게 쓴 글자는 따라 써 보세요.

생각 모으기 가족에 대해 소개할 내용을 생각나는 대로 써 봅니다.

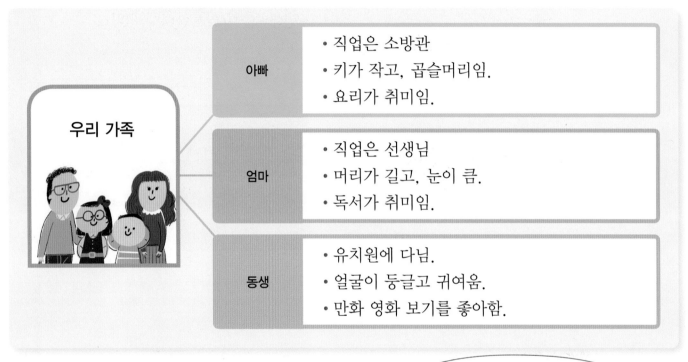

우리 가족	아빠	• 직업은 소방관 • 키가 작고, 곱슬머리임. • 요리가 취미임.
	엄마	• 직업은 선생님 • 머리가 길고, 눈이 큼. • 독서가 취미임.
	동생	• 유치원에 다님. • 얼굴이 둥글고 귀여움. • 만화 영화 보기를 좋아함.

> 가족 모두를 소개하기가 힘들면,
> 한두 명만 선택해서 소개해도 돼.

생각 정리 생각나는 대로 쓴 것을 바탕으로, 가족에 대해 소개할 내용을 정리해 봅니다.

아빠	하는 일	소방관이십니다.
	생김새	키가 작고, 곱슬머리입니다.
	취미	요리입니다.

엄마	하는 일	초등학교 선생님이십니다.
	생김새	머리가 길고, 눈이 큽니다.
	취미	독서입니다.

동생	하는 일	유치원에 다닙니다.
	생김새	얼굴이 둥글고 귀엽게 생겼습니다.
	취미	만화 영화 보기입니다.

가족을 소개하는 글을 쓸 때에는 우리 가족의 이름, 하는 일, 생김새, 성격, 취미, 잘하는 것 등을 쓸 수 있어요. 그중 우리 가족의 특징을 가장 잘 알릴 수 있는 내용을 골라서 쓰면 됩니다. 우리 가족 모두를 소개하는 글을 쓸 수도 있고, 가족 중 한두 명을 골라 소개하는 글을 쓸 수도 있어요.

글로 써 보기 정리한 내용을 바탕으로, 가족을 소개하는 글을 써 봅니다.

우리 가족은 모두 네 명입니다.

아빠 아빠는 소방관이시고, 키가 작고, 곱슬머리입니다. 아빠의 취미*는 요리입니다. 제가 좋아하는 달걀말이를 맛있게 만드십니다.

엄마 엄마는 초등학교 선생님이시고, 머리가 길고, 눈이 큽니다. 엄마의 취미는 독서*입니다.

동생 동생은 유치원에 다닙니다. 얼굴이 둥글고 귀엽게 생겼습니다. 동생의 취미는 만화 영화 보기입니다.

우리 가족은 좋아하는 것도, 잘하는 것도 다 다르지만 서로를 사랑하는 마음은 똑같습니다.

* **취미** 전문적으로 하는 것이 아니고 즐기기 위해 하는 일.
* **독서** 책을 읽음.

가족의 특징이 잘 드러나게 쓰고,
소개할 내용을 간단히 쓰면 돼.
없는 일을 꾸미지 말고 솔직하게 써야 해.

 생각 모으기 가족에 대해 소개할 내용을 생각나는 대로 써 보세요.

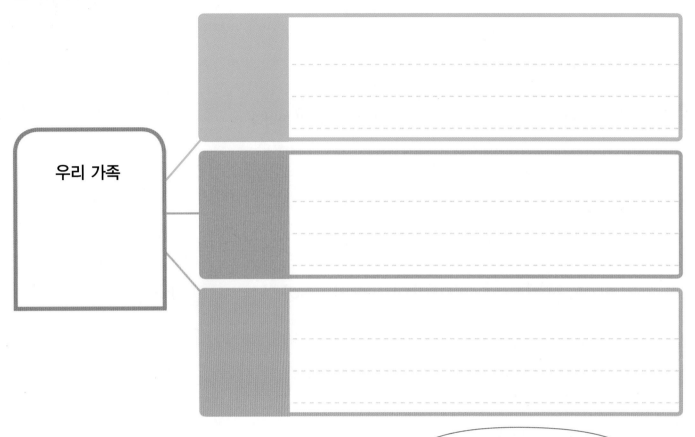

우리 가족

> 가족 모두를 소개하기가 힘들면,
> 한두 명만 선택해서 소개해도 돼.

생각 정리 생각나는 대로 쓴 것을 바탕으로, 가족에 대해 소개할 내용을 정리해 보세요.

하는 일
생김새
취미

하는 일
생김새
취미

하는 일
생김새
취미

 정리한 내용을 바탕으로, 가족을 소개하는 글을 써 보세요.

가족의 특징이 잘 드러나게 쓰고,
소개할 내용을 간단히 쓰면 돼.
없는 일을 꾸미지 말고 솔직하게 써야 해.

물건을 소개하는 글쓰기

🌸 흐리게 쓴 글자는 따라 써 보세요.

어떻게 쓸까요

 **생각 모으기** 소개하고 싶은 물건에 대해 생각나는 대로 써 봅니다.

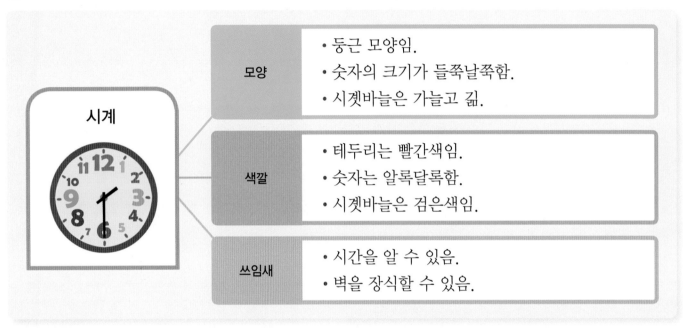

시계	모양	• 둥근 모양임. • 숫자의 크기가 들쭉날쭉함. • 시곗바늘은 가늘고 긺.
	색깔	• 테두리는 빨간색임. • 숫자는 알록달록함. • 시곗바늘은 검은색임.
	쓰임새	• 시간을 알 수 있음. • 벽을 장식할 수 있음.

> 물건의 특징을 잘 살펴보고,
> 물건을 소개하는 글을 써 봐.

 생각 정리 생각나는 대로 쓴 것을 바탕으로, 물건에 대해 소개할 내용을 정리해 봅니다.

모양	전체	둥급니다.
	숫자	크기가 들쭉날쭉합니다.
	시곗바늘	가늘고 깁니다.

색깔	테두리	빨간색입니다.
	숫자	제각각 색깔이 달라서 알록달록합니다.
	시곗바늘	시침과 분침 모두 검은색입니다.

쓰임새	• 시계를 보고 시간을 알 수 있습니다. • 모양이 예뻐서 벽을 장식할 수 있습니다.

물건을 소개하는 글을 쓸 때에는 물건의 모양, 색깔, 쓰임새 등에 대해 쓸 수 있어요. 먼저 물건을 잘 살펴보고, 글을 읽을 사람이 궁금해할 만한 물건의 특징을 골라서 자세하고 생생하게 표현해요.

글로 써 보기 정리한 내용을 바탕으로, 물건을 소개하는 글을 써 봅니다.

모양   제 방에 걸려 있는 이것은 벽에 거는 시계입니다. 전체 모양은 둥글고, 숫자는 크기가 들쭉날쭉* 다 다릅니다.

색깔   시계의 테두리는 빨간색이고, 숫자는 제각각 색깔이 달라서 알록달록합니다. 시곗바늘은 가늘고 길며 시침과 분침* 모두 검은색입니다.

쓰임새   우리는 이 시계를 보고 시간을 알 수 있습니다. 또 이 시계는 모양이 예뻐서 벽을 장식할 수도 있습니다.

   * **들쭉날쭉** 들어가기도 하고 나오기도 하여 가지런하지 않은 모양.
   * **시침** 시계에서 시를 가리키는 짧은 바늘.
   * **분침** 시계에서 분을 가리키는 긴 바늘.

물건에 대한 내용을 정확하게 써야 해. 사실이 아닌 내용은 쓰면 안 돼.

생각 모으기 소개하고 싶은 물건에 대해 생각나는 대로 써 보세요.

모양	
색깔	
쓰임새	

> 물건의 특징을 잘 살펴보고,
> 물건을 소개하는 글을 써 봐.

생각 정리 생각나는 대로 쓴 것을 바탕으로, 물건에 대해 소개할 내용을 정리해 보세요.

모양	
색깔	
쓰임새	

 글로 써 보기 정리한 내용을 바탕으로, 물건을 소개하는 글을 써 보세요.

물건에 대한 내용을 정확하게 써야 해.
사실이 아닌 내용은 쓰면 안 돼.

4회 그림일기 쓰기

🌸 흐리게 쓴 글자는 따라 써 보세요.

 **에떻게 쓸까요**

 생각 모으기 그림일기로 쓸 내용을 생각나는 대로 써 봅니다.

• 할머니께서 편찮으시다는 소식을 들었음. • 빨리 나으셨으면 좋겠음.	• 선물을 많이 받았음. • 맛있는 음식을 많이 먹었음. • 친구들과 보드게임을 했음. • 정말 재미있었음. • 내년 생일이 빨리 왔으면 좋겠음.	• 동생이 장난을 심하게 쳐서 싸웠음. • 아빠에게 나만 혼이 나서 화가 났음.

아침, 낮, 저녁에 있었던 일 중 가장 기억에 남는 일을 중심으로 써 봐.

 생각 정리 생각나는 대로 쓴 것을 바탕으로, 그림일기로 쓸 내용을 정리해 봅니다.

날짜와 요일	20○○년 4월 26일 일요일
날씨	해님이 따뜻한 날
제목	즐거운 생일잔치
그림으로 그릴 내용	생일잔치를 하는 모습
글로 쓸 내용	• 친구들에게 선물을 많이 받았다. • 맛있는 음식을 많이 먹었다. • 친구들과 보드게임을 했다. • 정말 재미있었다. • 내년 생일이 빨리 왔으면 좋겠다.

그림일기는 날마다 그날 겪은 일이나 느낀 점들을 그림을 곁들여 쓰는 일기를 말해요. 그림일기를 쓸 때에는 다음 순서에 맞춰 씁니다.

'하루 동안에 겪은 일을 떠올려요. → 기억에 남는 일을 골라요. → 날짜와 요일, 날씨를 써요. → 그림을 그리고 내용을 써요. → 쓴 것을 다시 읽고 다듬어요.'

3
주차

1회
2회
3회
4회
5회

 **글로 써 보기** 정리한 내용을 바탕으로, 그림일기를 써 봅니다.

| 날짜와 요일 | 20○○년 4월 26일 일요일 | 날씨 | 해님이 따뜻한 날 |

| 제목 | 즐거운 생일잔치 |

그림

글로 쓸 내용

　　오늘 우리 집에서 내 생일잔치를 했다. 친구들에게 선물을 많이 받았다. 특히 송이의 선물은 내가 갖고 싶던 색연필이어서 마음에 쏙 들었다. 맛있는 음식도 먹고 친구들과 보드게임을 하면서 놀았는데 정말 재미있었다. 내년 생일도 빨리 왔으면 좋겠다.

일기를 쓸 때 제목을 정해서 쓰면 있었던 일을 더 잘 기억할 수 있어.

생각 모으기 그림일기로 쓸 내용을 생각나는 대로 써 보세요.

아침, 낮, 저녁에 있었던 일 중 가장 기억에 남는 일을 중심으로 써 봐.

생각 정리 생각나는 대로 쓴 것을 바탕으로, 그림일기로 쓸 내용을 정리해 보세요.

날짜와 요일	
날씨	
제목	
그림으로 그릴 내용	
글로 쓸 내용	

 글로 써 보기 정리한 내용을 바탕으로, 그림일기를 써 보세요.

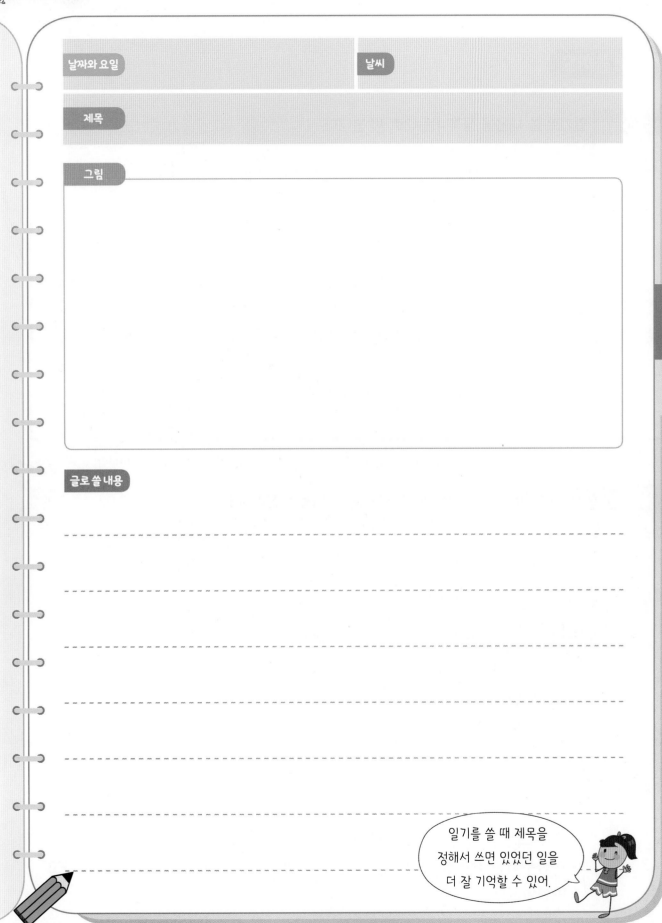

날짜와 요일		날씨	
제목			

그림

글로 쏠 내용

일기를 쓸 때 제목을 정해서 쓰면 있었던 일을 더 잘 기억할 수 있어.

❀흐리게 쓴 글자는 따라 써 보세요.

 생각 모으기 일기로 쓸 내용을 생각나는 대로 써 봅니다.

• 아침밥을 못 먹고 학교에 갔음. • 엄마에게 혼이 날 때 섭섭했음.	• 미술 시간에 미래 모습 그리기를 했음. • 준우의 그림을 따라 그렸음. • 준우가 내 그림을 찢었음. • 준우에게 화가 났음. • 서로 사과함.	• 로봇이 주인공으로 나오는 만화책을 읽었음. • 악당과 싸우는 장면에서 조마조마했음.

일기의 글감은 하루 동안 있었던 모든 일들이 될 수 있어. 하지만 매일매일 반복되는 일은 좋은 글감이 아니야!

 생각 정리 생각나는 대로 쓴 것을 바탕으로, 일기로 쓸 내용을 정리해 봅니다.

날짜와 요일	20〇〇년 5월 19일 화요일
날씨	바람이 살랑살랑 분 날
있었던 일	• 미술 시간에 미래의 모습 그리기를 했다. • 준우의 그림을 그대로 따라 그렸다. • 준우가 화를 내며 내 그림을 찢었다. • 준우가 미안하다고 사과했다. • 나도 준우에게 미안하다고 했다.
생각, 느낌	• 미래 모습을 어떻게 표현해야 할지 몰라서 당황했다. • 준우가 내 그림을 찢었을 때 화가 났다. • 준우 그림을 따라 그린 게 미안했고, 준우가 먼저 사과해 주어서 고마웠다. • 다음부터는 잘못한 일이나 미안한 일이 있으면 내가 먼저 사과를 해야겠다고 마음먹었다.

일기를 쓸 때, '있었던 일'은 누구와 언제, 어떤 일이, 무엇 때문에 벌어졌는지 자세하게 써요. '생각이나 느낌'은 그 일 때문에 나의 기분은 어땠는지, 그때 나는 어떤 생각이 들었는지를 표현해요.

글로 써 보기 정리한 내용을 바탕으로, 일기를 써 봅니다.

날짜와 요일	날씨
20○○년 5월 19일 화요일	바람이 살랑살랑 분 날

제목

준우야 미안해

있었던 일 미술 시간에 미래의 모습 그리기를 했다. 미래 모습을 어떻게 표현해야 할지 몰라서 당황했다.* 그래서 준우의 그림을 그대로 따라 그렸다. 하늘을 날아다니는 기차와 공중*에 떠 있는 집을 똑같이 그렸다. 그러자 준우가 화를 내며 내 그림을 찢어 버렸다.

생각, 느낌 나도 화가 났다. 하지만 준우가 곧 미안하다고 사과를 했다. 나도 그림을 따라 그려서 미안하다고 사과했다. 준우가 먼저 사과해 주어서 참 고마운 마음이 들었다. 다음부터는 잘못한 일이나 미안한 일이 있으면 내가 먼저 사과를 해야겠다고 마음먹었다.

겪은 일 중에서 특별히 생각나는 일을 골라 그때의 생각이나 느낌을 함께 써 봐!

* **당황했다** 놀라서 어찌할 바를 몰랐다.
* **공중** 하늘과 땅 사이의 빈 곳.

생각 모으기 일기로 쓸 내용을 생각나는 대로 써 보세요.

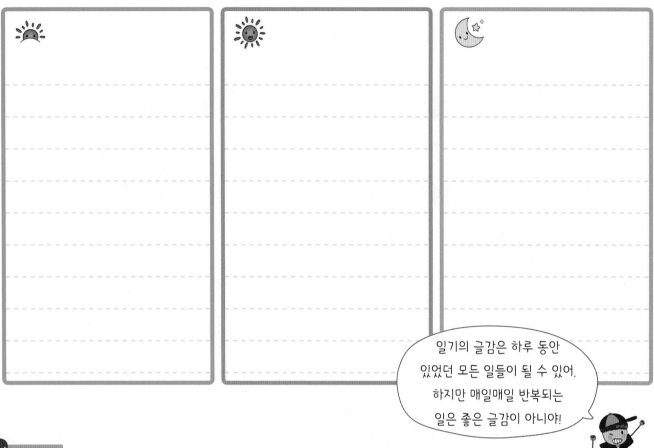

일기의 글감은 하루 동안 있었던 모든 일들이 될 수 있어. 하지만 매일매일 반복되는 일은 좋은 글감이 아니야!

생각 정리 생각나는 대로 쓴 것을 바탕으로, 일기로 쓸 내용을 정리해 보세요.

날짜와 요일	
날씨	
있었던 일	

생각, 느낌	

 **글로 써 보기** 정리한 내용을 바탕으로, 일기를 써 보세요.

날짜와 요일

날씨

제목

겪은 일 중에서 특별히 생각나는
일을 골라 그때의 생각이나
느낌을 함께 써 봐!

받아쓰기 받아쓰기가 틀린 것을 바르게 고쳐 쓰고, 100점짜리 답안지를 만들어 주세요.

보기

~~1.~~ 오늘은 날시가 좋다. → ①. 오늘은 날씨가 좋다.

시험지 채점하기

100점 만들기

1. 저는 줄넘기를 잘합니다. → 1.

2. 우리 가족은 내 명입니다. → 2.

3. 벽에 거는 시개입니다. → 3.

4. 내 생일잔치를 했다. → 4.

5. 내 그림을 찢어 버렸다. → 5.

 **글을 쓰는 방법** 소개하는 글을 쓰는 방법으로 알맞으면 ◎에, 알맞지 않으면 ✖에 ○표 하세요.

	◎	✖
자신을 소개하는 글을 쓸 때에는 이름, 나이, 좋아하는 것, 잘하는 것, 장래 희망 등을 씁니다.	◎	✖
물건을 소개하는 글을 쓸 때에는 물건의 쓰임새나 모양, 색깔 등을 쓰면 안 됩니다.	◎	✖
소개하는 사람이나 소개하는 물건의 특징이 잘 드러나게 씁니다.	◎	✖
읽을 사람이 이미 알고 있는 내용이라도 여러 번 자세히 소개합니다.	◎	✖
읽을 사람이 궁금해할 내용을 소개합니다.	◎	✖

미로 찾기

물놀이를 하려면 미로를 통과해야 해요. 사다리를 타고 내려가 보세요.

힌트: 그림 일기에 들어가야 할 내용의 길을 따라 가면 됩니다.

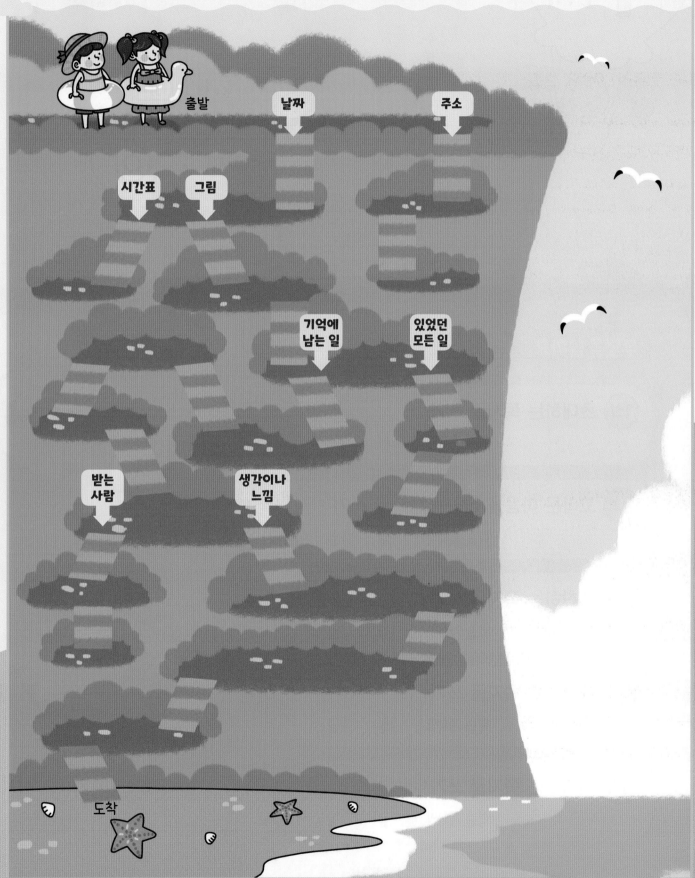

4주차

다양한 종류의 쪽지글

무엇을 쓸까요

정덕아!
내 생일잔치에 초대할게.
- 똘이가

송이야!
내 생일잔치에 초대할게.
- 똘이가

똘이가 친구들에게 **생일잔치 초대장**을 보내고 있어요.

어? 그런데 언제, 어디로 오라는 걸까요?

비둘기가 전해 줄 쪽지글에 **때**와 **장소**가 빠졌어요.

똘이는 친구들이 많이 오기를 원하는데 어쩌죠?

친구들이 언제 어디에서 생일잔치를 하는지 물어보는 답장을 보내 주겠죠?

1회 초대하는 쪽지글 쓰기

 흐리게 쓴 글자는 따라 써 보세요.

 어떻게 쓸까요

생각 모으기 초대하는 쪽지글에 쓸 내용을 생각나는 대로 써 봅니다.

 초대할 내용

2학년 1반 학생들이 부모님을 초대함.

- 음악회를 열심히 준비했음.
- 우리 공연을 꼭 보여 드리고 싶음.

- 2학년 1반 음악회
- 다음 주 토요일 오후 2시
- 강산 초등학교 2학년 1반 교실에서 함.

> 초대란 누구를 어디로 와 달라고 부탁하는 것이므로 때, 장소도 중요하지만 무슨 일로 초대하는지, 전하고 싶은 말은 무엇인지도 정확히 써야 해.

 생각 정리 생각나는 대로 쓴 것을 바탕으로, 초대하는 쪽지글에 쓸 내용을 정리해 봅니다.

받는 사람	부모님
내용	2학년 1반 음악회에 초대합니다.
전하고 싶은 말	• 음악회를 준비하면서 매일 열심히 연습했습니다. • 열심히 준비한 공연을 부모님께 꼭 보여 드리고 싶습니다.
언제	다음 주 토요일 오후 2시
어디에서	강산 초등학교 2학년 1반 교실
쓴 사람	2학년 1반 학생들

쪽지글은 전하려는 내용을 종이에 간단하게 쓰는 글을 말해요. 초대하는 쪽지글은 누군가를 초대하고 싶은 마음을 전하는 글로, 언제, 어디에서, 무슨 일로 초대하는지, 받는 사람과 쓴 사람은 누구인지를 써야 해요.

 글로 써 보기 정리한 내용을 바탕으로, 초대하는 쪽지글을 써 봅니다.

받는 사람	부모님께
내용	2학년 1반 음악회에 초대합니다.
전하고 싶은 말	음악회를 준비하면서 매일 열심히 연습했습니다. 열심히 준비한 공연을 부모님께 꼭 보여 드리고 싶어요. 바쁘시더라도 오셔서 재미있게 보시고, 박수도 많이 쳐 주세요.
언제	♫언제: 다음 주 토요일 오후 2시
어디에서	♫어디에서: 강산 초등학교 2학년 1반 교실
쓴 사람	2학년 1반 학생들 올림.

쪽지글은 편지와 비슷하지만 편지보다 간단하게 쓸 수 있어서 참 편리한 글이야. 초대를 받는 사람의 마음을 움직일 수 있는 내용으로 써 봐.

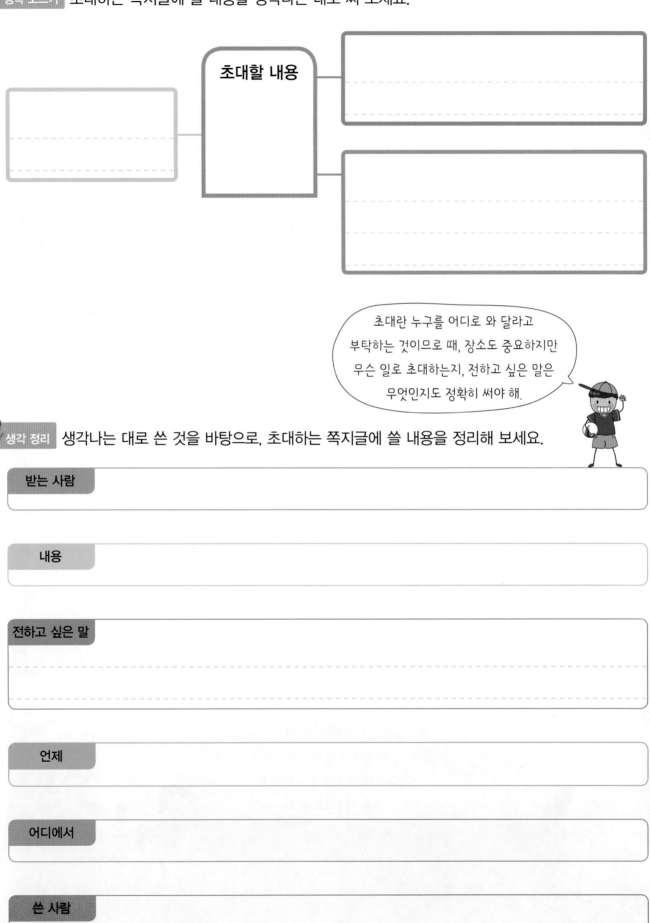

생각 모으기 초대하는 쪽지글에 쓸 내용을 생각나는 대로 써 보세요.

초대할 내용

> 초대란 누구를 어디로 와 달라고 부탁하는 것이므로 때, 장소도 중요하지만 무슨 일로 초대하는지, 전하고 싶은 말은 무엇인지도 정확히 써야 해.

생각 정리 생각나는 대로 쓴 것을 바탕으로, 초대하는 쪽지글에 쓸 내용을 정리해 보세요.

받는 사람

내용

전하고 싶은 말

언제

어디에서

쓴 사람

쪽지글은 편지와 비슷하지만 편지보다
간단하게 쓸 수 있어서 참 편리한 글이야.
초대를 받는 사람의 마음을 움직일 수
있는 내용으로 써 봐.

글로 써 보기

고마운 마음을 전하는 쪽지글 쓰기

❀흐리게 쓴 글자는 따라 써 보세요.

 어떻게 쓸까요

 생각 모으기　고마운 마음을 전하는 쪽지글에 쓸 내용을 생각나는 대로 써 봅니다.

• 지난 목요일 • 학교 운동장에서	고마웠던 일 	• 넘어져서 무릎을 다쳤음. • 연우가 뛰어가서 선생님을 모시고 옴.
		• 친구 연우에게 고마웠음. • 친구 연우의 행동에 감동했음.

무슨 일로 고마웠는지를 쓰고
자신의 마음을 솔직하게 표현해 봐!

 생각 정리　생각나는 대로 쓴 것을 바탕으로, 고마운 마음을 전하는 쪽지글에 쓸 내용을 정리해 봅니다.

받는 사람	친구 최연우
쓸 내용	• 지난 목요일에 집에 갈 때 • 학교 운동장에서 • 넘어져서 무릎을 다쳤다. • 연우가 교실로 뛰어가서 선생님을 모시고 왔다.
전하고 싶은 마음	• 연우에게 정말 고마웠다. • 연우가 깜짝 놀라서 뛰어가는 모습을 보고 감동했다.
쓴 사람	신윤호

🖊 고마운 마음을 전하는 쪽지글을 쓸 때에는 누구에게, 어떤 일로 고마운 마음이 들었는지를 쓰고, 고마움을 나타내는 말로 자신의 마음을 솔직하게 전달해야 해요.

 글로 써 보기 정리한 내용을 바탕으로, 고마운 마음을 전하는 쪽지글을 써 봅니다.

받는 사람	연우에게

쓸 내용

　연우야, 지난 목요일에 집에 갈 때 있었던 일 기억나니? 내가 운동장에서 넘어져서 무릎을 다쳤잖아.

전하고 싶은 마음

　그때 네가 보건실로 뛰어가서 선생님을 바로 모시고 와서 정말 고마웠어. 연우 네가 깜짝 놀라서 뛰어가는 모습을 보고 감동받았어. 아픈 것도 잊었지 뭐야. 넌 참 좋은 친구야! 우리 앞으로도 지금처럼 서로 도우면서 친하게 지내자.

쓴 사람　　　　　　　　　　　　　윤호가

누가 썼는지 알 수 있게 쓴 사람을 밝혀야 해.

생각 모으기 고마운 마음을 전하는 쪽지글에 쓸 내용을 생각나는 대로 써 보세요.

고마웠던 일

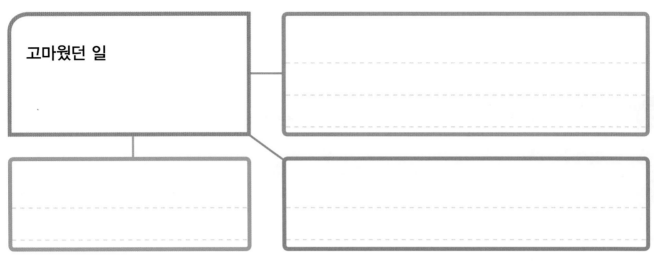

무슨 일로 고마웠는지를 쓰고
자신의 마음을 솔직하게 표현해 봐!

생각 정리 생각나는 대로 쓴 것을 바탕으로, 고마운 마음을 전하는 쪽지글에 쓸 내용을 정리해 보세요.

받는 사람

쓸 내용

전하고 싶은 마음

쓴 사람

 정리한 내용을 바탕으로, 고마운 마음을 전하는 쪽지글을 써 보세요.

누가 썼는지 알 수 있게
쓴 사람을 밝혀야 해.

칭찬하는 쪽지글 쓰기

 어떻게 쓸까요

생각 모으기 칭찬하는 쪽지글에 쓸 내용을 생각나는 대로 써 봅니다.

칭찬할 내용 	• 세연이는 줄넘기 200번 넘기를 목표로 정함. • 세연이는 매일 연습을 함.
세연이는 줄넘기를 잘함.	• 줄넘기를 하는 모습이 정말 멋있음. • 노력하는 모습을 본받고 싶음.

생각 정리 생각나는 대로 쓴 것을 바탕으로, 칭찬하는 쪽지글에 쓸 내용을 정리해 봅니다.

받는 사람	김세연
쓸 내용	• 세연이는 줄넘기를 잘한다. • 줄넘기 200번 넘기를 목표로 정하고, 열심히 노력한다. • 하루도 빼먹지 않고 줄넘기를 연습한다.
생각, 느낌	• 휙휙 소리를 내며 줄넘기를 하는 모습이 정말 멋있다. • 목표를 이루려고 열심히 노력하는 모습을 본받고 싶다. • 나도 줄넘기를 잘할 수 있도록 꾸준히 연습해야겠다.
쓴 사람	신동하

친구들이 한 일을 떠올려 보고, 칭찬할 만한 일이 무엇인지 생각해 봐.

칭찬하는 쪽지글을 쓸 때에는 친구가 잘하는 점이나 노력하는 점 등 칭찬할 만한 일을 써요. 그리고 칭찬한 일에 대한 자신의 생각이나 느낌을 함께 써요.

글로 써 보기 정리한 내용을 바탕으로, 칭찬하는 쪽지글을 써 봅니다.

받는 사람	세연이에게
쓸 내용	세연아, 너는 줄넘기를 참 잘해. 휙휙 소리를 내며 줄넘기를 하는 모습을 보면 정말 멋있어.
생각, 느낌	줄넘기 200번 넘기를 목표로 정했다고 했지? 목표*를 이루려고 하루도 빠지지 않고 열심히 연습하는 모습을 보면서 나도 너를 본받고 싶다고 생각했어. 나도 너처럼 줄넘기를 잘할 수 있도록 꾸준히 연습하려고 해.
쓴 사람	동하가

* **목표** 이루고 싶은 것. 또는 이루려고 마음속에 품은 것.

친구가 잘하는 점이나 노력하는 점이 잘 드러나게 써. 칭찬하는 표현도 알맞게 써야 해.

생각 모으기 칭찬하는 쪽지글에 쓸 내용을 생각나는 대로 써 보세요.

칭찬할 내용

친구들이 한 일을 떠올려
보고, 칭찬할 만한 일이
무엇인지 생각해 봐.

생각 정리 생각나는 대로 쓴 것을 바탕으로, 칭찬하는 쪽지글에 쓸 내용을 정리해 보세요.

받는 사람

쓸 내용

생각, 느낌

쓴 사람

4
주차

1회
2회
3회
4회
5회

친구가 잘하는 점이나
노력하는 점이 잘 드러나게 써.
칭찬하는 표현도 알맞게 써야 해.

부탁하는 쪽지글 쓰기

🌸 흐리게 쓴 글자는 따라 써 보세요.

 부탁하는 쪽지글에 쓸 내용을 생각나는 대로 써 봅니다.

부탁할 내용	
	친구 지후가 수업 시간에 장난을 치지 않았으면 좋겠음.
	• 선생님 말씀을 잘 들을 수가 없음. • 나까지 선생님께 꾸중을 듣게 됨. • 다른 친구들에게도 방해가 됨.

> 들어줄 수 있는 부탁인지 생각해 보고
> 부탁하고 싶은 내용을 까닭과 함께
> 예의 바르게 쓰도록 해.

 생각나는 대로 쓴 것을 바탕으로, 부탁하는 쪽지글에 쓸 내용을 정리해 봅니다.

받는 사람	정지후
부탁하고 싶은 것	제발 수업 시간에 장난을 치지 말아 줘.
부탁하는 까닭	• 선생님 말씀을 잘 들을 수가 없어. • 나까지 선생님께 꾸중을 듣게 돼. • 다른 친구들에게도 방해가 돼.
쓴 사람	고나연

'부탁'이란 어떤 일을 해 달라고 청하거나 맡긴다는 뜻이에요. 부탁하는 쪽지글을 쓸 때에는 부탁하는 내용이 무엇인지 분명히 드러나게 쓰고, 왜 그것을 부탁하는지 까닭도 자세히 써야 해요. 그리고 부탁을 받는 사람의 마음을 생각해서 예의 바른 말을 사용해야 해요.

글로 써 보기 정리한 내용을 바탕으로, 부탁하는 쪽지글을 써 봅니다.

받는 사람 　지후에게

부탁하고 싶은 것 　지후야, 부탁하고 싶은 것이 있어. 제발 수업 시간에 장난을 치지 말아 줘.

부탁하는 까닭 　네가 장난을 치면 선생님 말씀을 잘 들을 수가 없어. 그리고 네가 장난을 칠 때마다 나까지 선생님께 꾸중을 듣게 되잖아. 게다가 다른 친구들에게도 방해가 된단 말이야. 그러니까 수업 시간에는 장난치는 것 좀 참아 줄래? 그러면 우리 사이도 좋아지고 좀 더 친하게 지낼 수 있을 것 같아. 부탁할게 지후야.

쓴 사람 　　　　　　　　　　　　　　나연이가

부탁하고 싶은 내용을 예의 바른 말로 다시 한번 하면서 끝맺어 봐.

생각 모으기 부탁하는 쪽지글에 쓸 내용을 생각나는 대로 써 보세요.

부탁할 내용

들어줄 수 있는 부탁인지 생각해 보고
부탁하고 싶은 내용을 까닭과 함께
예의 바르게 쓰도록 해.

 생각 정리 생각나는 대로 쓴 것을 바탕으로, 부탁하는 쪽지글에 쓸 내용을 정리해 보세요.

받는 사람

부탁하고 싶은 것

부탁하는 까닭

쓴 사람

부탁하고 싶은 내용을
예의 바른 말로 다시 한번 하면서
끝맺어 봐.

사과하는 쪽지글 쓰기

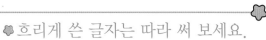

어떻게 쓸까요

생각 모으기 사과하는 쪽지글에 쓸 내용을 생각나는 대로 써 봅니다.

사과할 내용

• 엄마에게 사실대로 말하지 못해서 미안했음.
• 엄마에게 나 대신 동생이 혼나는 모습을 보고 마음이 아팠음.

어제 거실에서 공놀이를 하다가 내가 꽃병을 깬 일

앞으로 내가 잘못한 일은 솔직하게 말할 것임.

> 말로 사과하기가 쑥스러울 때에는 진심을 담아 글로 써 봐!

생각 정리 생각나는 대로 쓴 것을 바탕으로, 사과하는 쪽지글에 쓸 내용을 정리해 봅니다.

받는 사람	동생 연호
있었던 일	어제 거실에서 공놀이를 하다가 내가 꽃병을 깬 일
전하고 싶은 마음	• 내가 공을 잘못 던져서 꽃병이 깨졌는데 엄마께 사실대로 말하지 못해서 너에게 미안했어.
앞으로의 다짐	• 나 대신 혼나는 네 모습을 보고 마음이 아팠어. • 앞으로 내가 잘못한 일은 솔직하게 말할게.
쓴 사람	형 지호

'사과'란 잘못이나 실수를 저질러서 미안하다고 하는 것을 말해요. 사과하는 쪽지글을 쓸 때에는 상대가 잘 알 수 있도록 언제, 어떤 일이 있었는지 쓰고, 미안한 마음을 표현하는 말과 앞으로의 나의 다짐을 써요. 특히 미안한 마음을 표현할 때에는 진심을 담아 사과해야 해요.

 **글로 써 보기** 정리한 내용을 바탕으로, 사과하는 쪽지글을 써 봅니다.

받는 사람	연호에게
있었던 일	연호야, 어제 거실에서 공놀이를 하다가 꽃병을 깼잖아.
전하고 싶은 마음	내가 공을 잘못 던져서 꽃병이 깨졌는데, 엄마께 사실대로 말하지 못해서 너에게 정말 미안했어. 나 대신 혼나는 네 모습을 보고 너무 미안해서 마음이 아팠어.
앞으로의 다짐	엄마께 어제 일도 사실대로 말하고, 앞으로는 내가 잘못한 일은 솔직하게 말할게. 형이 잘못했어. 내 사과를 받아 줄 거지? 다시 한번 미안해, 연호야.
쓴 사람	형 지호가

사과하는 쪽지글에는 '미안해.', '죄송합니다.'와 같이 미안한 마음을 표현하는 낱말이 들어가야 해.

 생각 모으기 사과하는 쪽지글에 쓸 내용을 생각나는 대로 써 보세요.

사과할
  내용

말로 사과하기가 쑥스러울
때에는 진심을 담아 글로 써 봐!

생각 정리 생각나는 대로 쓴 것을 바탕으로, 사과하는 쪽지글에 쓸 내용을 정리해 보세요.

받는 사람

있었던 일

전하고 싶은 마음

앞으로의 다짐

쓴 사람

 글로 써 보기 정리한 내용을 바탕으로, 사과하는 쪽지글을 써 보세요.

사과하는 쪽지글에는 '미안해.', '죄송합니다.'와 같이 미안한 마음을 표현하는 낱말이 들어가야 해.

아하~ 알았어요

받아쓰기 받아쓰기가 틀린 것을 바르게 고쳐 쓰고, 100점짜리 답안지를 만들어 주세요.

보기

~~1.~~ 음악회에 초데합니다. → ①. 음악회에 초대합니다.

시험지 채점하기		100점 만들기
1. 박수도 많이 쳐 주세요.	→	1.
2. 아픈 것도 잃었지 뭐야.	→	2.
3. 너는 줄넘기를 참 잘해.	→	3.
4. 꾸중을 듣게 되잔아.	→	4.
5. 꽃병을 깼잖아.	→	5.

글을 쓰는 방법 여러 가지 쪽지글을 쓰는 방법으로 알맞으면 ◎에, 알맞지 않으면 ✖에 ○표 하세요.

초대하는 쪽지글에는 누가, 누구에게, 언제, 어디에서, 무슨 일로 초대하는지를 씁니다.

고마운 마음을 전하는 쪽지글에는 '미안해.', '죄송합니다.' 등으로 마음을 표현하는 말을 씁니다.

칭찬하는 쪽지글에는 상대가 잘하는 점이나 노력하는 점 등 칭찬해 주고 싶은 일과 칭찬하는 말을 씁니다.

부탁하는 쪽지글에는 부탁하고 싶은 일과 그 일을 부탁하는 까닭을 자세히 쓰고, 예의 바른 말을 사용합니다.

사과하는 쪽지글에는 내가 잘하는 것, 나의 자랑거리 등을 자세하고 재미있게 씁니다.

쪽지 나무 만들기

자기 자신이나 생각나는 사람에게 쪽지글을 써 보세요.

힌트: 한 줄, 한 단어로 표현해도 됩니다.

틀리기 쉬운 말

엄마, 오늘 날씨가 너무 좋아요. 맑은 하늘과
뭉개구름이 참 예뻐요. 저 조금만 놀다 갈게요.

그러렴. 근데 똘이야. 뭉개구름이
아니고 뭉게구름이란다.

네. 그리고 친구들 데리고 갈 테니까 떡복이 좀
만들어 주시면 안 될까요? 사랑하는 엄마~~.

'떡볶이' 많이 만들어 줄 테니 조금만
놀다 들어오렴.

역시 엄마가 최고야! 감사해요 엄마 ^_^

우리 개구쟁이 똘이 잘 놀고, 잘 먹고
엄마랑 낱말 공부도 잘 할거지? 맞춤법
공부 좀 더 해야 할 거 같은데?

네, 알았어요! 엄마가 가르쳐 주세요. 헤헷~~.

친구랑 대화할 때는 잘 모르겠는데 막상 쪽지를 쓰거나 휴대 전화 문자로 간단한 대화를 하려고 하면 이게 **맞춤법에 맞는지 틀리는지** 고개를 갸우뚱거리게 되는 경우가 있지요?

'개구장이 내 친구 똘이야! 우리 숨박꼭질할래?'로 써야 하나, '**개구쟁이 내 친구 똘이야! 우리 숨바꼭질할래?**'로 써야 하나 하고 말이에요.

맞춤법에 맞는 낱말은 무엇인지 우리가 흔히 사용하는 낱말 위주로 알아보도록 해요.

개구쟁이	소꿉놀이	숨바꼭질	깡충깡충	뭉게구름
낭떠러지	건더기	곱빼기	떡볶이	발자국
설거지	오뚝이	책꽂이	낚시꾼	숟가락
바람	방귀	베개	창피	해님

개구쟁이 ◎
개구장이 ✕

심하고 짓궂게 장난을 하는 아이를 뜻하는 말은 '개구쟁이'예요.

• 동네 **개구쟁이**들이 물총으로 장난을 쳐요.

소꿉놀이 ◎
소꼽놀이 ✕

아이들이 장난감을 가지고 살림살이 흉내를 내면서 노는 놀이를 뜻하는 말은 '소꿉놀이'예요.

• 언니와 동생이 사이좋게 **소꿉놀이**를 해요.

숨바꼭질 ◎
숨박꼭질 ✕

한 아이가 술래가 되어 나머지 아이들을 찾거나 잡는 놀이를 뜻하는 말은 '숨바꼭질'이에요.

• 친구들과 **숨바꼭질**을 하면서 재미있게 놀아요.

깡충깡충 ◎
깡총깡총 ✕

짧은 다리를 모으고 힘 있게 솟구쳐 뛰는 모양을 뜻하는 말은 '깡충깡충'이에요.

• 캥거루가 **깡충깡충** 뛰어가요.

뭉게구름 ◎
뭉개구름 ✕

뭉게뭉게 피어오른 커다랗고 흰 덩어리 구름을 뜻하는 말은 '뭉게구름'이에요.

• 파란 하늘에 **뭉게구름**이 둥실 떠 있어요.

낭떠러지 ◎
낭떨어지 ✕

산이나 언덕에서 깎은 듯이 심하게 기울어진 곳을 뜻하는 말은 '낭떠러지'예요.

• 까마득한 **낭떠러지**에서 떨어지는 꿈을 꿨어요.

건더기 ◎
건데기 ✕

국이나 찌개 등의 국물이 있는 음식 속에 들어 있는 국물 이외의 것을 뜻하는 말은 '건더기'예요.

• 설렁탕에 커다란 고기 **건더기**가 들어 있어요.

곱빼기 ◎
곱배기 ✕

한 그릇에 두 그릇 양의 음식을 담은 것을 뜻하는 말은 '곱빼기'예요.

• 아빠는 항상 자장면을 **곱빼기**로 드세요.

떡볶이 ◎
떡볶기/떡복이 ✗

가래떡을 적당한 크기로 잘라 여러 가지 채소를 넣고 양념을 하여 볶은 음식을 뜻하는 말은 '떡볶이'예요.

• 이모는 매운 **떡볶이**를 좋아해요.

발자국 ◎
발자욱 ✗

발로 밟은 자리에 남은 모양을 뜻하는 말은 '발자국'이에요.

• **발자국**으로 도화지에 그림을 그려요.

설거지 ◎
설겆이 ✗

음식을 먹고 난 뒤에 그릇을 씻어 정리하는 일을 뜻하는 말은 '설거지'예요.

• 오늘 저녁 **설거지**는 누가 할 거지?

오뚝이 ◎
오뚜기/오똑이 ✗

밑이 무거워서 아무렇게나 굴려도 오뚝오뚝 일어나는 장난감을 뜻하는 말은 '오뚝이'예요.

• **오뚝이**가 쓰러졌다가 다시 벌떡 일어나요.

책꽂이 ⭕
책꽂이 ❌

책을 꽂아 두는 가구를 뜻하는 말은 '책꽂이'예요.

- 우리 집 **책꽂이**에 동화책이 가득 꽂혀 있어요.

낚시꾼 ⭕
낚싯꾼/낚씨꾼 ❌

취미로 낚시를 가지고 고기잡이를 하는 사람을 뜻하는 말은 '낚시꾼'이에요.

- **낚시꾼**이 미끼로 큰 물고기를 잡았어요.

숟가락 ⭕
숫가락 ❌

밥이나 국물 같은 것을 떠먹는 도구를 뜻하는 말은 '숟가락'이에요.

- **숟가락**으로 국을 떠먹어요.

바람 ⭕
바램 ❌

어떤 일이 이루어지기를 기다리는 간절한 마음을 뜻하는 말은 '바람'이에요.

- 나의 **바람**대로 친한 친구와 짝이 되었어요.

방귀 ◎
방구 ✗

배 속에서 똥구멍을 통해 몸 밖으로 나오는 구린내 나는 것을 뜻하는 말은 '방귀'예요.

• 고구마를 많이 먹었더니 자꾸 **방귀**가 나와요.

베개 ◎
베게/배개 ✗

눕거나 잘 때 머리 밑에 베는 물건을 뜻하는 말은 '베개'예요.

• 높은 **베개**를 베고 잤더니 목이 아파요.

창피 ◎
챙피 ✗

떳떳하지 못하거나 아니꼬운 일을 당해 몹시 부끄러운 것을 뜻하는 말은 '창피'예요.

• 짝꿍 앞에서 넘어지다니 이게 무슨 **창피**람!

해님 ◎
햇님 ✗

'해'를 사람에 비유하여 높이거나 다정하게 이르는 말은 '해님'이에요.

• **해님**이 방긋 웃어요.

쓰기가
문해력
이다

2단계

1주차 정답과 해설

문장의 짜임 익히기

그림을 보고 문장의 짜임 '무엇이 무엇이다'에 알맞게 따라 써 봅니다.

케이크는 음식이다.

나는 학생이다.

(tip) 자신의 이름을 말하면서 '나는 ○○이다.'와 같은 문장도 써 보도록 지도해 주세요.

고양이는 동물이다.

코스모스는 식물이다.

(tip) '코스모스는 꽃이다.'처럼 앞에 오는 '무엇에' 해당하는 낱말을 바꾸어서 써 보도록 지도해 주세요.

동물은 스스로 움직일 수 있는 것이고, 식물은 혼자 힘으로는 움직일 수 없는 것이야.

문장 써 보기

그림을 보고 '무엇이 무엇이다'의 짜임으로 된 문장을 따라 써 봅니다.

장	미	는		꽃	이	다	.

나	비	는		곤	충	이	다	.

북	극	곰	은		동	물	이	다	.

'무엇이 무엇이다' 문장 쓰기

이렇게 쓸까요

흐리게 쓴 글자는 따라 써 보세요.

무엇이(누가)	무엇이다.
나는	학생이다.
꽃은	동물이다.
소나무는	식물이다.

'무엇'에 해당하는 부분에는 대상의 이름을 나타내는 말이 와야 합니다.
'무엇이 무엇이다.'는 때에 따라 '누가 무엇이다.', '나 무엇은 무엇이다.'라고도 씁니다.

(tip) 앞에 오는 '무엇'에는 '무엇은', '무엇이', '누가' 형태가 올 수도 있습니다.

'무엇이(누가)'는 주로 '은, 는, 이, 가'가 붙어 문장에서 주인 역할을 해.

문장의 짜임 익히기

'무엇이 무엇이다'의 '무엇'에는 이름을 나타내는 말이 들어갑니다.

(tip) '나,' '이것'은 사람이나 사물 등의 이름을 대신하여 가리키는 말로, '무엇이, 무엇은, 누구를 대신 해 쓸 수 있습니다.

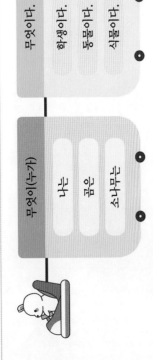

나는 장영실이다.
나는 과학자이다.
장영실은 과학자이다.

이것은 사과이다.
이것은 과일이다.
사과는 과일이다.

(tip) 낱말이 모여 생각을 나타내는 단어를 문장이라고 합니다. 문장을 쓸 때에는 문장이 끝나는 것을 알려 주는 온점(.) 물음표(?) 느낌표(!) 등이 들어가야 하나다.

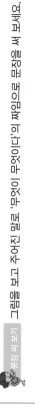

문장 써 보기

그림을 보고 주어진 말로 '무엇이 무엇이다'의 짜임으로 문장을 써 보세요.

| 하마는 | 동물이다. |

하 마 는 동 물 이 다 .

(tip) '나는 하마이다.'나 '이것은 하마이다.' 등 '무엇이 무엇이다.'의
문장 짜임으로 다양하게 써 보도록 지도해 주세요.

| 기린은 | 동물이다. |

기 린 은 동 물 이 다 .

(tip) 문장을 다 쓴 후 온점(.)을 알맞게 쓰도록 지도해 주세요.

| 해바라기는 | 꽃이다. |

해 바 라 기 는 꽃 이 다 .

| 이것은 | 시계이다. |

이 것 은 시 계 이 다 .

| 비둘기는 | 새이다. |

비 둘 기 는 새 이 다 .

문장의 짜임 익히기

그림을 보고 빈칸에 알맞은 '무엇'에 해당하는 말을 보기에서 찾아 써 보세요.

보기

| 딸기 | 악기 | 색연필 | 한복 |
| 경찰관 | 배추 | 비행기 | 구두 |

배추 는 채소이다.

피아노는 | 악기 | 이다.

아버지는 | 경찰관 | 이다.

저것은 | 비행기 | 이다.

딸기 는 과일이다.

구두 는 신발이다.

한복 은 옷이다.

이것은 | 색연필 | 이다.

문장의 짜임 익히기

그림을 보고 문장의 짜임 '무엇이 어찌하다'에 알맞게 '어찌하다'에 해당하는 말을 따라 써 봅니다.

비둘기가 날아간다.

개가 짖는다.

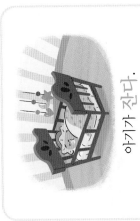

아기가 잔다.

다람쥐가 논다.

> 언제, 누가, 무엇이에 해당하는 말을 찾아보고, 그거의 동작이나 움직임을 나타내는 말을 생각해요.

문장 써 보기

그림을 보고 무엇이 어찌하다의 짜임으로 된 문장을 따라 써 봅니다.

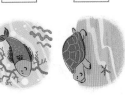

| 공 | 이 | | 굴 | 러 | 간 | 다 | . |

| 물 | 고 | 기 | 가 | | 헤 | 엄 | 친 | 다 | . |

| 거 | 북 | 이 | 가 | | 기 | 어 | 간 | 다 | . |

1주차 2회

'무엇이 어찌하다' 문장 쓰기

어떻게 쓸까요

🖊 흐리게 쓴 글자는 따라 써 보세요.

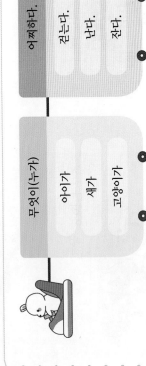

무엇이(누가)	어찌하다
아이가	걷는다.
새가	난다.
고양이가	잔다.

'어찌하다'에는 움직임이나 행동 등을 나타내는 말이 들어갑니다.
'아이가 걷는다.'라는 문장에서 '걷는다'는 '무엇이(누가)'에 해당하는 '아이'의 움직임을 나타내는 말입니다.

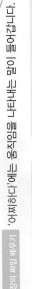

> '어찌하다'에는 대상 '무엇이(누가)'의 움직임이나 행동을 나타내는 많이 들어가요.

문장의 짜임 알아보기

'어찌하다'에는 움직임을 나타내는 말이 들어갑니다.

나비가 난다.
강아지가 달린다.
개미가 기어간다.

동생이 춤춘다.
오빠가 노래한다.
언니가 웃는다.

> (tip) '무엇이(누가) 나와요?' '무엇이(누가) 달라나요?' 등으로 묻고 '무엇이(누가)'에 해당하는 말을 찾을 수 있도록 지도해 주세요.

문장 써 보기

그림을 보고 주어진 말로 '무엇이 어찌하다'의 짜임으로 문장을 써 보세요.

독수리가	날아간다.

독수리가 날아간다.

(tip) '독수리가 난다', '새가 난다', 등 주어진 낱말이 아닌 낱말로 문장을 써 보기 해 주세요. 제시된 다른 그림에도 적용해서 지도해 주세요.

돌아간다.	풍차가

풍차가 돌아간다.

기차가	달린다.

기차가 달린다.

피었다.	국화꽃이

국화꽃이 피었다.

어휘 씨앗심기

문장의 짜임 익히기

그림을 보고 빈칸에 알맞은 '어찌하다'에 해당하는 말을 보기에서 찾아 써 보세요.

보기: 뛰어간다 · 날아간다 · 웃는다 · 돈다 · 울린다 · 피었다

바람개비가 ___ . 돈다

종이 ___ . 울린다

토끼가 ___ . 뛰어간다

원숭이가 ___ . 웃는다

무궁화꽃이 ___ . 피었다

풍선이 ___ . 날아간다

문장의 짜임 이해하기

그림을 보고 문장의 짜임 '무엇이 어떠하다'에 알맞게 '무엇이 어떠하다'에 해당하는 말을 따라 써 봅니다.

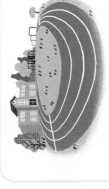

운동장이 넓다.

상자가 크다.

약이 쓰다.

은행잎이 노랗다.

먼저 '누가, 무엇이'에 해당하는 말을 찾아보고, 그 거의 상태나 성질을 나타내는 말을 생각하면서 써.

문장 써 보기

그림을 보고 '무엇이 어떠하다'의 짜임으로 된 문장을 따라 써 봅니다.

| 얼 | 음 | 이 | | 차 | 갑 | 다 | . |

| 딸 | 기 | 잼 | 이 | | 달 | 다 | . |

| 땅 | 콩 | 이 | | 고 | 소 | 하 | 다 | . |

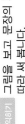

1주차 3회

'무엇이 어떠하다' 문장 쓰기

어떻게 쓸까요

※ 흐리게 쓴 글자는 따라 써 보세요.

무엇이(누가)	어떠하다.
산이	높다.
키가	크다.
손이	예쁘다.

• '어떠하다'에는 성질이나 상태를 나타내는 말이 들어갑니다.
'산이 높다.'라는 문장에서 '높다'는 '무엇이(누가)'에 해당하는 '산'의 성질이나 상태를 나타내는 말입니다.

같은 문장에서 어때(어떠하다)에 해당하는 '높다, 크다, 예뻐' 등은 '무엇이 어때'에서 '어때?'에 해당하는 거야. '무엇'의 상태나 성질을 생각하게 해!

문장의 짜임 배우기

'어떠하다'에는 성질이나 상태를 나타내는 많이 들어갑니다.

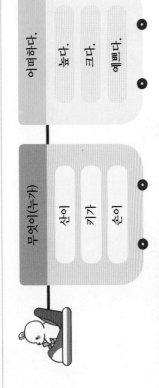

하늘이 파랗다.
아이들은 즐겁다.
아이스크림이 맛있다.

바람이 시원하다.
단풍이 아름답다.
솜사탕이 달콤하다.

문장 써 보기

그림을 보고 주어진 말로 '무엇이 어떠하다'의 짜임으로 문장을 써 보세요.

| 꼬적꼬적하다. | 꽃이 |

| 꽃 | 이 | | 꼬 | 적 | 꼬 | 적 | 하 | 다 | . |

(tip) '꽃이 노랗다.' 꽃이 노랗다.' 등 주어진 낱말이 아닌 낱말로도 문장을 써 보게 해 주세요.
제시된 다른 그림에도 적용해서 지도해 주세요.

| 바다가 | 깊다. |

| 바 | 다 | 가 | | 깊 | 다 | . |

| 봄은 | 따뜻하다. |

| 봄 | 은 | | 따 | 뜻 | 하 | 다 | . |

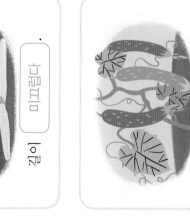

| 비행기는 | 빠르다. |

| 비 | 행 | 기 | 는 | | 빠 | 르 | 다 | . |

어휘력 쑥쑥

문장의 짜임 익히기

그림을 보고 빈칸에 알맞은 '어떠하다'에 해당하는 말을 보기에서 찾아 써 보세요.

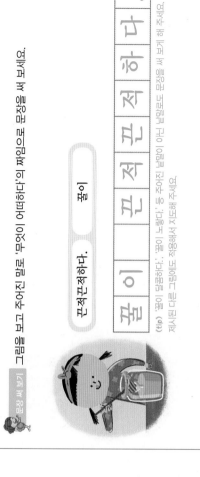

보기
미끄럽다	아름답다
깊다	재미있다
넓다	맛있다

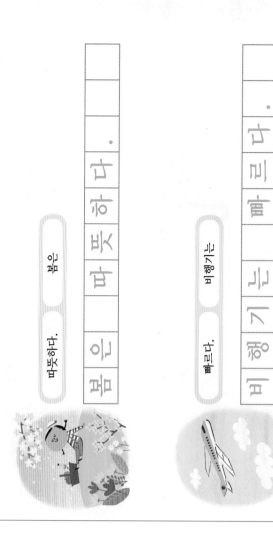

별이 ___. (멋있다/아름답다)

길이 ___. (미끄럽다)

오이가 ___. (길다)

호수가 ___. (넓다/멋있다/아름답다)

축구가 ___. (재미있다)

불꽃놀이가 ___. (멋있다/아름답다)

1주차 4회

'무엇이 무엇을 어찌하다' 문장 쓰기

어떻게 쓸까요?

무엇이(누가)	무엇을	어찌하다
아이가	김을	읽는다.
새가	하늘을	난다.
고양이가	생선을	먹는다.

● 올바르게 쓴 글자는 따라 써 보세요.

'무엇을'에는 '어찌하다'의 대상이 되는 말이 들어갑니다. 문장에도 꼭 '무엇을'을 넣어야 문장의 뜻이 더욱 분명해지는 문장이 있습니다.

문장의 짜임 익히기

'무엇을'에는 '어찌하다'와 관계되는 말이 들어갑니다.

형이 읽는다.

형이 동화책을 읽는다.

형이 동화책을 읽는다.
(tip) 무엇이 / 무엇을 / 어찌하다

우리는 부른다.

우리는 노래를 부른다.

우리는 노래를 부른다.

'무엇을'에 해당하는 낱말에는 '을' 또는 '를'이 붙어요.

문장의 짜임 익히기

그림을 보고 문장의 짜임 '무엇이 무엇을 어찌하다'에 알맞게 '무엇을 어찌하다'에 해당하는 말을 따라 써 봅니다.

원숭이가 바나나를 먹는다.

투수가 공을 던진다.

다람쥐가 바퀴를 돌린다.

요리사가 음식을 만든다.

문장 써 보기

그림을 보고 '무엇이 무엇을 어찌하다'의 짜임으로 된 문장을 따라 써 봅니다.

오 리 가 헤 엄 을 친 다 .

(tip) '무엇이 어찌하다'의 짜임으로 '오리가 헤엄친다'로 써도 맞는 문장입니다.

오 빠 가 손 을 씻 는 다 .

사 슴 이 물 을 먹 는 다 .

문장 써 보기

그림을 보고 주어진 말로 '무엇이 무엇을 어찌하다'의 짜임으로 문장을 써 보세요.

고추를 / 농부가 / 딴다.

| 농 | 부 | 가 | | 고 | 추 | 를 |
| 딴 | 다 | . | | | | |

꽃을 / 선생님이 / 심는다.

| 선 | 생 | 님 | 이 | | 꽃 | 을 |
| 심 | 는 | 다 | . | | | |

하늘을 / 난다 / 갈매기가

| 갈 | 매 | 기 | 가 | | 하 | 늘 | 을 |
| 난 | 다 | . | | | | | |

우리 쓰기력

문장의 짜임 익히기

그림을 보고 빈칸에 알맞은 '무엇을'에 해당하는 말을 보기에서 찾아 써 보세요.

보기: 꽃을 / 나뭇잎을 / 낚시를 / 헤엄을 / 당근을 / 들판을 / 옷을

애벌레가 [나뭇잎을] 먹는다.

말이 [들판을] 달린다.

아버지가 [옷을] 만진다.

토끼가 [당근을] 먹는다.

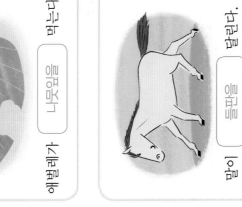
돌고래가 [헤엄을] 친다.

할아버지가 [낚시를] 한다.

문장의 짜임 익히기

그림을 보고 문장의 짜임 '무엇이 무엇이 되다/아니다'에 알맞게 '무엇이 되다', '무엇이 아니다'에 해당하는 말을 따라 써 봅니다.

망아지는 말이 된다.

나는 어른이 아니다.

> 앞의 '무엇이'에는 '은, 는, 이, 가'가 붙고, 뒤의 '무엇이'에는 '는, 이, 가'가 붙어!

문장 써 보기

그림을 보고 '무엇이 무엇이 되다', '무엇이 무엇이 아니다'의 짜임으로 된 문장을 따라 써 봅니다.

동 생 은 　 훌 륭 한 학 생 이
된 다 .

동 생 은 　 훌 륭 한 학 생 이
아 니 다 .

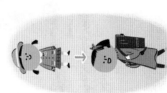

올 챙 이 는 　 병 아 리 가 된
다 .

올 챙 이 는 　 곤 충 이 아
니 다 .

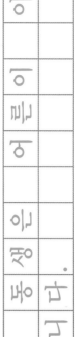

'무엇이 무엇이 되다/아니다' 문장 쓰기

어떻게 쓸까요

흐리게 쓴 글자는 따라 써 보세요.

무엇이(누가)	무엇이	되다.
올챙이는	개구리가	된다.

무엇이(누가)	무엇이	아니다.
올챙이는	식물이	아니다.

'되다, 아니다'로 끝나는 문장에서는 중간에 문장의 뜻을 보충해 주는 말이 들어갑니다. '개구리가', '식물이'를 빼고 '올챙이는 된다.', '올챙이는 아니다.'라고 쓰면 문장의 뜻이 완전하지 않게 됩니다.

문장의 짜임 배우기

가운데 오는 '무엇이'에는 '되다/아니다'를 보충해 주는 말이 들어갑니다.

> 가운데 오는 '무엇이'에는 '이'나 '가'가 붙어!

•송아지는 된다.
송아지는 소가 된다.
•송아지는 아니다.
송아지는 곤충이 아니다.

•애벌레는 된다.
애벌레는 나비가 된다.
•애벌레는 아니다.
애벌레는 새가 아니다.

문장 써 보기 1   그림을 보고 주어진 말로 '무엇이 무엇이 되다'의 짜임으로 문장을 써 보세요.

이모는   군인이   의사가   삼촌은   되었다.

이	모	는		의	사	가		되
었	다	.						

삼	촌	은		군	인	이		되
었	다	.						

문장 써 보기 2   그림을 보고 주어진 말로 '무엇이 무엇이 아니다'의 짜임으로 문장을 써 보세요.

감자는   과일이   양파는   아니다.

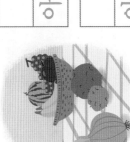

감	자	는		과	일	이
아	니	다	.			

양	파	는		과	일	이
아	니	다	.			

어휘쏙쏙

문장의 짜임 익히기   그림을 보고 빈칸에 알맞은 '무엇이'에 해당하는 말을 〈보기〉에서 찾아 써 보세요.

보기   간호사가   개가   새가   곤충이   매미가   물이

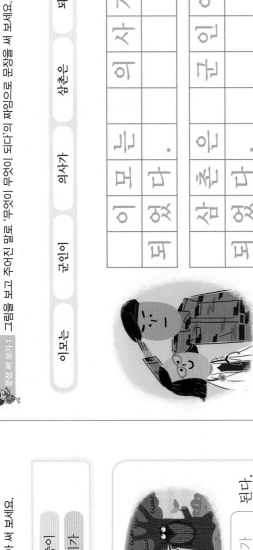

애벌레는 [매미가] 된다.

강아지는 [개가] 된다.

얼음이 [물이] 되었다.

언니는 [간호사가] 되었다.

비둘기는 [곤충이] 아니다.

잠자리는 [새가] 아니다.

참 잘했어요

짝짓기

친구들과 함께 짝짓기 놀이를 하며 문장을 만들어 보세요.

힌트: 같은 동작을 하고 있는 친구끼리 모이면 문장이 만들어집니다.

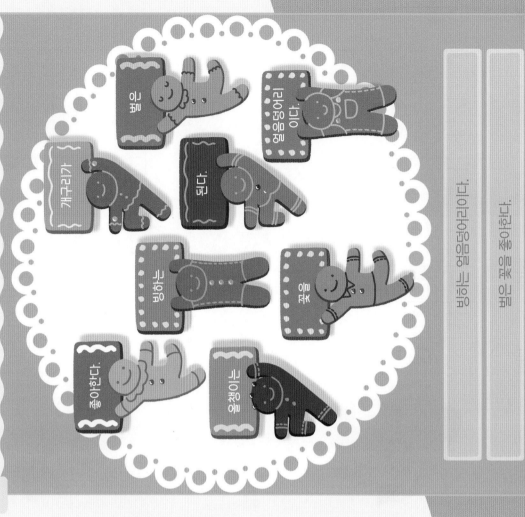

개구리가 · 뛴다 · 별은 · 얼음덩어리이다 · 빛하는 · 꽃을 · 좋아한다 · 올챙이는

빛하는 얼음덩어리이다.

별은 꽃을 좋아한다.

올챙이는 개구리가 된다.

해설 | 같은 동작을 하고 있는 친구끼리 모이면 문장이 만들어집니다.

아하~ 알았어요

받아쓰기

받아쓰기가 틀린 것을 바르게 고쳐 쓰고, 100점짜리 담인지를 만들어 주세요.

보기

시험지 체점하기
X. 다람쥐가 눈다.
1. 고양이는 동물이다.
2. 원숭이가 웃는다.
3. 얼음이 차갑다.
4. 오빠가 손을 씻는다.
5. 잡자리는 새가 아니다.

100점 만들기
1. 다람쥐가 눈다.
1. 고양이는 동물이다.
2. 원숭이가 웃는다.
3. 얼음이 차갑다.
4. 오빠가 손을 씻는다.
5. 잡자리는 새가 아니다.

해설 | 웃다는 [운따]로 소리 납니다. 'ㅅ' 받침에 주의해야 합니다. 씻는다는 [씬는다]로 소리 납니다. 'ㅅ' 받침에 주의해야 합니다.

바른 문장쓰기

맞게 쓴 문장은 ◎에, 틀리게 쓴 문장은 ✖에 ○표 하세요.

토끼가 당근이 먹는다.	◎	✖
물고기가 헤엄진다.	◎	✖
송아지는 소를 된다.	◎	✖
양파는 과일이 아니다.	◎	✖

해설 | 토끼가 당근이 먹는다는 토끼가 당근을 먹는다로 써야 맞는 문장입니다. 송아지는 소를 된다는 송아지는 소가 된다로 써야 맞는 문장이 됩니다.

쓰기가
문해력
이다

2단계

2주차 정답과 해설

1회

'어떤'이 꾸며 주는 문장 쓰기

어떻게 쓸까요

어떤	무엇이(누구)	무엇을	어찌하다
귀여운	다람쥐가	도토리를	먹는다.

'어떤'에 해당하는 '귀여운'은 '다람쥐'를 꾸며 주는 말입니다. 이렇게 꾸며 주는 말을 넣으면 '무엇이(누구)'를 더 자세하고 구체적으로 표현할 수 있습니다.

문장의 짜임 배우기
'무엇이'를 꾸며 주는 '어떤'이 들어간 문장을 배워 봅니다.

나비가 꽃밭을 날아다닌다.
노란 나비가 꽃밭을 날아다닌다.

호랑이가 물을 먹는다.
무서운 호랑이가 물을 먹는다.

동생이 아버지를 돕는다.
착한 동생이 아버지를 돕는다.

아래에 쓴 글자는 따라 써 보세요.

2주차 ② 1회 2회 3회 4회 5회

문장의 짜임 익히기
그림을 보고 '어떤 무엇이'에 해당하는 말을 따라 써 봅니다.

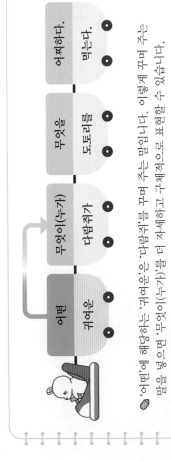

키다란 코끼리가 물을 뿜는다.

귀여운 판다가 대나무를 먹는다.

뚱뚱한 곰이 겨울잠을 잔다.

넷째 치타가 사냥을 한다.

(tip) '뚱뚱한 코끼리'처럼 '어떤'에 해당하는 낱말을 바꾸어 써 보도록 지도해 주세요. 제시된 다른 문장들도 동일한 방법을 적용해 주세요.

문장 써 보기
그림을 보고 '어떤 무엇이 무엇을 어찌하다'의 짜임으로 된 문장을 따라 써 봅니다.

착	한		흥	부	가		제
비	를		구	한	다	.	

심	술	궂	은		놀	부	가
동	생	을		내	쫓	는	다.

문장 써 보기

그림을 보고 주어진 말로 '어떤 무엇이 무엇을 어찌하다'의 짜임으로 문장을 써 보세요.

부지런한   나른다.   먹이를   개미가

| 부 | 지 | 런 | 한 | | 개 | 미 | 가 |
| 먹 | 이 | 를 | | 나 | 른 | 다 | . |

(tip) '나른다'는 '물건을 한 곳에서 다른 곳으로 옮기다'라는 뜻이 담겨있습니다.

베짱이가   잔다.   게으른   낮잠을

| 게 | 으 | 른 | | 베 | 짱 | 이 | 가 |
| 낮 | 잠 | 을 | | 잔 | 다 | . | |

기차가   빠른   철길을   달린다.

| 빠 | 른 | | 기 | 차 | 가 | | 철 |
| 길 | 을 | | 달 | 린 | 다 | . | |

어휘 써 보기

그림을 보고 빈칸에 알맞은 '어떤 무엇이'에 해당하는 말을 보기에서 찾아 써 보세요.

보기: 동생이   배고픈   빨간   아기가   심심한   잠자리가

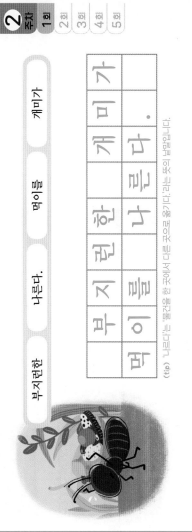

아기가/동생이   우유를 먹는다.   배고픈

(tip) '무엇이'에는 '아기가'나 '동생이'를 써도 됩니다.

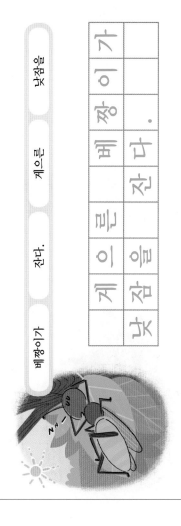

동생이   그림을 그린다.   심심한

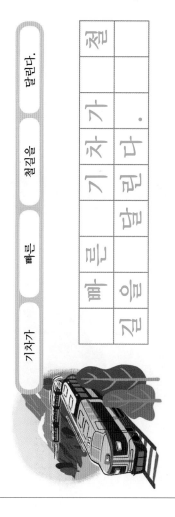

잠자리가   하늘을 난다.   빨간

문장의 짜임 익히기

그림을 보고 '무엇이', '어찌하다'를 꾸며 주는 '어떤', '어떻게'에 해당하는 말을 따라 써 봅니다.

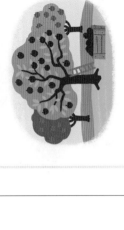

탐스러운 사과가 주렁주렁 열렸다.

(tip) '빨간 사과가 탐스럽게 열렸다.'처럼 '어떤', '어떻게'에 해당하는 낱말을 바꾸어 써 보도록 지도해 주세요. 제시된 다른 문장들도 동일한 방법을 적용해 주세요.

매서운 겨울바람이 세차게 분다.

문장 써 보기

그림을 보고 '어떤 무엇이 어떻게 어찌하다'의 짜임으로 된 문장을 따라 써 봅니다.

귀	여	운		토	끼	가		깡
충	깡	충		뛰	어	간	다	.

(tip) '깡총깡총'이라고 쓰지 않도록 지도해 주세요. '깡충깡충'이 바른 표기입니다.

굵	은		빗	방	울	이		힘
후	두	둑		떨	어	진	다	.

'어떤', '어떻게'가 꾸며 주는 문장 쓰기 1

어떻게 쓸까요

흐리게 쓴 글자는 따라 써 보세요.

어떤	무엇이(누가)	어떻게	어찌하다.
하얀	눈이	펑펑	내린다.

'어떤'에 해당하는 '하얀'은 눈을 꾸며 주고, '어떻게'에 해당하는 '펑펑'은 '내린다'를 꾸며 주는 말입니다. 꾸며 주는 말을 넣으면 문장을 더 자세하고 실감 나게 표현할 수 있습니다.

문장의 짜임 익히기

'무엇이', '어찌하다'를 꾸며 주는 '어떤', '어떻게'가 들어간 문장을 배워 봅니다.

바람이 분다.
시원한 바람이 산들산들 분다.

구슬이 굴러간다.
동그란 구슬이 데굴데굴 굴러간다.

고래가 헤엄친다.
커다란 고래가 힘차게 헤엄친다.

문장 쓰기 1

그림을 보고 주어진 말로 '어떤', 무엇이 어떻게 어찌하다'의 짜임으로 된 문장을 써 보세요.

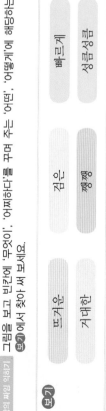
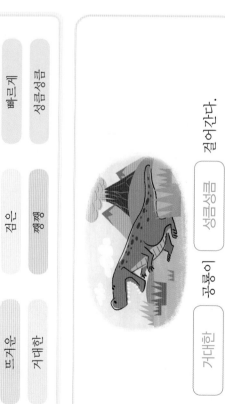

| 황소가 | 무섭게 | 달려온다. | 성난 |

성	난	황	소	가	무	섭
게	달	려	온	다	.	

| 애벌레가 | 작은 | 기어간다. | 꿈틀꿈틀 |

작	은	애	벌	레	가	꿈
틀	꿈	틀	기	어	간	다.

| 선수가 | 어린 | 연기한다. | 멋지게 |

어	린	선	수	가	멋	지
게	연	기	한	다	.	

어휘 쓰기

문장의 짜임 이해하기

그림을 보고 빈칸에 '무엇이', '어떤', '어찌하다'를 꾸며 주는 '어떤', '어떻게'에 해당하는 말을 보기에서 찾아 써 보세요.

보기

| 뜨거운 | 검은 | 빠르게 |
| 거대한 | 쨍쨍 | 성큼성큼 |

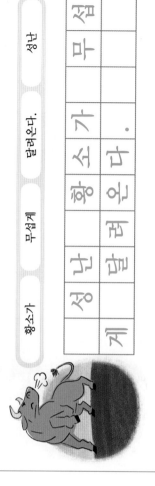

거대한 공룡이 성큼성큼 걸어간다.

뜨거운 햇볕이 쨍쨍 내리쬔다.

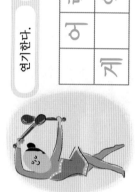

검은 구름이 빠르게 몰려온다.

3회

어떻게 쓸까요

'어떤', '어떻게'가 꾸며 주는 문장 쓰기 2

순서대로 쓴 글자는 따라 써 보세요.

무엇이(누가)	어떤	무엇을	어떻게	어찌하다
하마가	커다란	입을	크게	벌렸다.

'무엇을'과 '어찌하다'를 꾸며 주는 말을 넣어 '무엇이(누가) 어떤 무엇을 어떻게 어찌하다'는 문장에서 주인 역할을 합니다. '커다란'은 '입을', '크게'는 '벌렸다'를 꾸며 주는 말입니다.

문장의 짜임 배우기 '무엇을', '어찌하다'를 꾸며 주는 '어떤', '어떻게'가 들어간 문장을 배워 봅니다.

아버지께서 마당을 쓰신다.
아버지께서 넓은 마당을 깨끗이 쓰신다.

(tip) 윗어른에게는 은,는, 이,가 대신에 높임말인 '께서'를 써야 합니다.

언니가 찌개를 끓인다.
언니가 맛있는 찌개를 보글보글 끓인다.

문장의 짜임 익히기 그림을 보고 '무엇을', '어찌하다'를 꾸며 주는 '어떤', '어떻게'에 해당하는 말을 따라 써 봅니다.

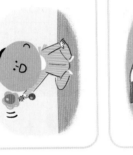

아기가 작은 딸랑이를 딸랑딸랑 흔든다.

고양이가 폭신한 실타래를 이리저리 굴린다.

문장 써 보기 그림을 보고 '무엇'이 어떤 무엇을 어떻게 어찌하다'의 짜임으로 된 문장을 따라 써 봅니다.

아	이	가		고	소	한		꿀	적
우	유	를		꿀	적				
마	신	다	.						

할	아	버	지	께	서		꽝	게	낡
은		대	문	을		꽝			
은		칠	하	신	다	.			

오늘 써 볼까요

문장 써 보기

그림을 보고 주어진 말로 '무엇이' 어떤 무엇을 어떻게 어찌하다'의 짜임으로 된 문장을 써 보세요.

부지런히 | 달콤한 | 꿀을 | 벌이 | 나른다.

| 벌 | 이 | 부 | 지 | 런 | 히 | 달 | 콤 | 한 | 꿀 | 을 |
| 나 | 른 | 다 | . | | | | | | | |

예쁘게 | 맛있는 | 만두를 | 만드신다. | 할머니께서

할	머	니	께	서	맛	있	는	만
두	를	예	쁘	게	만	드
신	다	.				

방글방글 | 리본을 | 긴 | 선수가 | 돌린다.

| 선 | 수 | 가 | 긴 | 리 | 본 | 을 |
| 방 | 글 | 방 | 글 | 돌 | 린 | 다 | . |

오늘 배울 거예요

문장의 짜임 이해하기

그림을 보고 빈칸에 '무엇을', '어찌하다'를 꾸며 주는 '어떤', '어떻게'에 해당하는 말을 보기 에서 찾아 써 보세요.

보기

벌컥벌컥 | 높은 | 굵게
단숨에 | 시원한 | 붉은

원숭이가 [높은] 나무를 [단숨에] 올라간다.

아빠가 [시원한] 물을 [벌컥벌컥] 마신다.

어머니께서 [붉은] 양념을 [굵게] 다지신다.

문장의 짜임 익히기

그림을 보고 '무엇을 어찌하다' 앞에서 꾸며 주는 말에 해당하는 말을 따라 써 봅니다.

신난 아이들이 바구니에 공을 던진다.

꼼꼼한 언니는 나보다 가위접을 잘한다.

문장 써 보기

그림을 보고 다양한 꾸며 주는 말이 들어간 문장을 따라 써 봅니다.

멋	있	는	삼	촌	이
사	진	기	로	개	구	리	를
찍	는	다 .

부	지	런	한	어	부	가
바	다	에	서	고	기	를
잡	는	다 .

다양한 꾸며 주는 말이 들어간 문장 쓰기

어떻게 쓸까요

★ 흐리게 쓴 글자는 따라 써 보세요.

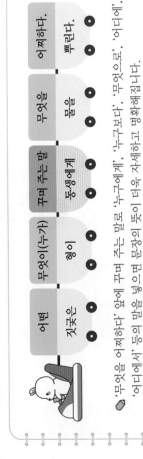

어떤	무엇이(누가)	꾸며 주는 말	무엇을	어찌하다
짓궂은	형이	동생에게	물을	뿌린다.

• '무엇을 어찌하다' 앞에 꾸며 주는 말로 '누구에게', '누구보다', '무엇으로', '어디에', '어디에서' 등의 꾸며 주는 말이 들어갑니다.
• '누구에게', '누구보다', '무엇으로', '어디에', '어디에서'의 꾸며 주는 말이 들어간 문장의 뜻이 더욱 자세하고 명확해집니다.

문장의 짜임 익히기

'누구에게', '누구보다', '무엇으로', '어디에', '어디에서'의 꾸며 주는 말이 들어간 문장을 배워 봅니다.

어떤	무엇이(누가)	꾸며 주는 말	무엇을	어찌하다
다정한	아빠가	[누구에게] 나에게	미소를	짓는다.
날쌘	얼룩말은	[누구보다] 곰보다	달리기를	잘한다.
하얀	침팬지가	[무엇으로] 주먹으로	나무를	때린다.
귀여운	아이들이	[어디에] 꽃밭에	꽃을	심는다.
친한	친구들이	[어디에서] 교실에서	놀이를	한다.

이렇게 써 봐요

문장 써 보기 그림을 보고 주어진 말로 다양한 꾸며 주는 말이 들어간 문장을 써 보세요.

낱엽을 · 형제가 · 줍는다. · 마당에서 · 형제를 · 사이좋은

사	이	좋	은		형	제	가		낱
마	당	에	서		줍		는		잎
다	.								을

돌로 · 해달은 · 영리한 · 캔다. · 조개를

영	리	한		해	달	은		돌
로		조	개	를		캔	다	.

운동을 · 공부보다 · 형은 · 좋아한다. · 활동적인

활	동	적	인		형	은		공
부	보	다		운	동	을		아
좋								한
다	.							

이렇게 써 봐요

문장의 짜임 익히기 그림을 보고 빈칸에 '무엇을 어찌하다' 앞에서 꾸며 주는 말로 알맞은 말을 〈보기〉에서 찾아 자세하게 써 보세요.

〈보기〉 경기장에서 · 경기에 · 바다에서 · 아이에게 · 공원에서 · 바다에

- 친절한 할머니께서 [아이에게] 꿈을 주셨다.
- 귀여운 꼬마가 [공원에서] 할머니를 만났다.

- 세찬 바람이 [바다에] 파도를 만든다.
- 작은 배가 [바다에서] 풍랑을 만났다.

- 훌륭한 선수들이 [경기장에서] 시합을 한다.
- 다양한 선수들이 [경기에] 최선을 다한다.

문장의 종류에 맞게 쓰기

이렇게 쓸까요

풀이하는 문장	어떤 사실이나 생각을 설명하는 문장입니다.
시키는 문장	무엇을 하도록 시키는 문장입니다.
권유하는 문장	무엇을 함께 하자고 하는 문장입니다.
묻는 문장	무엇인가를 물어보는 문장입니다.
감탄을 나타내는 문장	느낌을 표현하는 문장입니다.

풀이하는 문장, 시키는 문장, 권유하는 문장의 끝에는 온점(.)을 쓰고, 묻는 문장의 끝에는 물음표(?)를 씁니다. 감탄을 나타내는 문장의 끝에는 느낌표(!)를 씁니다.

(tip) 온점(.), 물음표(?), 느낌표(!)를 문장 부호라고 합니다. 문장 부호는 문장의 뜻을 이해하기 쉽게 해 줍니다.

문장의 종류 배우기

문장의 종류에 맞게 문장 쓰기를 배워 봅니다.

풀이하는 문장	책을 읽는다.
	(tip) 문장의 끝부분이 '~ㄴ다, ~는다, ~ㅂ니다' 등으로 끝납니다.
시키는 문장	책을 읽어라.
	(tip) 문장의 끝부분이 '~해라, ~하지 말아라, ~해 줘' 등으로 끝납니다.
권유하는 문장	책을 읽자.
	(tip) 문장의 끝부분이 '~하자, ~하지' 등이 들어와 끝납니다.
묻는 문장	책을 읽니?
	(tip) 문장의 끝부분이 '~인가요, ~니까, ~니' 등으로 끝납니다.
감탄을 나타내는 문장	책을 읽는구나!
	(tip) 문장의 끝부분이 '~는구나, ~구나' 등으로 끝납니다.

문장의 종류 익히기

그림을 보고 문장의 종류에 맞게 문장을 써 봅니다.

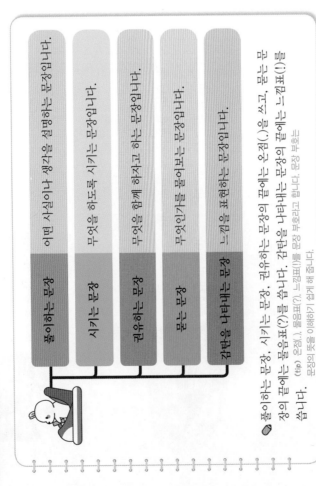

풀이하는 문장	친구와 함께 빵을 먹는다.
시키는 문장	친구와 함께 빵을 먹어라.
권유하는 문장	친구와 함께 빵을 먹자.
묻는 문장	친구와 함께 빵을 먹을래?
감탄을 나타내는 문장	친구와 함께 빵을 먹는구나!

문장 써 보기

그림을 보고 문장의 종류에 맞게 문장을 따라 써 봅니다.

풀이하는 문장		가 방 을 메 고 도 서 관 에 간 다.
시키는 문장		화 단 에 꽃 을 심 어 라.
권유하는 문장		주 말 에 등 산 을 같 이 가 자.
묻는 문장		지 금 밖 에 비 가 오 니?
감탄을 나타내는 문장		일 곱 빛 깔 무 지 개 가 아 름 답 구 나!

문장 써 보기 그림을 보고 주어진 말로 문장 부분에 알맞게 문장을 만들어 보세요.

| 열어다 | 창문을 | 활짝 | · |

| 창 | 문 | 을 | 활 | 짝 | 열 | 어 |
| 다 | . | | | | | |

| 제주도는 | 섬이다 | 아름다운 | · |

| 제 | 주 | 도 | 는 | 아 | 름 | 다 | 운 |
| 섬 | 이 | 다 | . | | | | |

| 선물로 | 생일 | 받을까 | 무엇을 | ? |

| 생 | 일 | 선 | 물 | 로 | 무 | 엇 |
| 을 | 받 | 을 | 까 | ? | | |

| 매우 | 저녁노을이 | 아름답구나 | ! |

| 저 | 녁 | 노 | 을 | 이 | 매 | 우 |
| 아 | 름 | 답 | 구 | 나 | ! | |

문장의 종류 이해하기 그림을 보고 '풀이하는 문장'을 지시하는 문장으로 바꾸어 써 보세요.

미래를 위해 환경 보호를 한다.

풀이하는 문장 → 권유하는 문장

| 미 | 래 | 를 | 위 | 해 | 환 | 경 |
| 보 | 호 | 를 | 합 | 시 | 다 | . |

건강을 위해 아침마다 운동을 한다.

풀이하는 문장 → 시키는 문장

| 건 | 강 | 을 | 위 | 해 | 아 | 침 |
| 마 | 다 | 운 | 동 | 을 | 해 | 라 | . |

동생과 함께 숙제를 한다.

풀이하는 문장 → 묻는 문장

| 동 | 생 | 과 | 함 | 께 | 숙 | 제 |
| 를 | 하 | 니 | ? | | | |

바다의 신, 포세이돈은 난폭하다.

풀이하는 문장 → 감탄을 나타내는 문장

| 바 | 다 | 의 | 신 | , | 포 | 세 | 이 |
| 돈 | 은 | 난 | 폭 | 하 | 구 | 나 | ! |

참 잘했어요

규칙대로 넣기

규칙을 찾아 비어 있는 자리에 들어갈 고양이를 찾아 문장을 만들어 보세요.

힌트: 비어 있는 자리에 들어갈 고양이가 깔고 앉은 낱말을 쓰면 문장이 완성됩니다.

귀여운 | 고양이가 | 하품을 | 크게 | 한다.

귀여운 고양이가 하품을 한다.

귀여운 고양이가 하품을 한다.

해설 | 고양이들이 깔고 앉은 낱말들로 만들 수 있는 문장은 '귀여운 고양이가 크게 하품을 한다.'입니다. 그림의 규칙을 찾아 완성하면 '아이들에게 해당하는 크게가 빠진 문장'입니다.

아하~ 알았어요

받아쓰기

받아쓰기가 틀린 것을 바르게 고쳐 쓰고, 100점짜리 답안지를 만들어 주세요.

보기
✗. 배쨍이가 낮잠을 잔다. → ①. 베짱이가 낮잠을 잔다.

시험지 채점하기

100점 만들기

1. 노란 나비가 꽃밭을 날아다닌다. → 1. 노란 나비가 꽃밭을 날아다닌다.

2. 매서운 바람이 세차게 분다. → 2. 매서운 바람이 세차게 분다.

3. 지금 밖에 비가 오니? → 3. 지금 밖에 비가 오니?

4. 어머니께서 붉고 당근을 곱게 다지신다. → 4. 어머니께서 붉은 당근을 곱게 다지신다.

5. 탐스러운 사과가 주렁주렁 열렸다. → 5. 탐스러운 사과가 주렁주렁 열렸다.

해설 | '매섭다'는 정도가 매우 심하다는 뜻하다는 못합니다. '붉다'는 빛깔이 익은 고추의 빛과 같이 곱고 짙다는 뜻으로 'ㄹ' 받침이 들어갑니다.

바른 문장쓰기

짝임에 알맞게 쓴 문장은 ◎에, 틀리게 쓴 문장은 ✗에 ○표 하세요.

목마른 호랑이가 물을 마신다. → ◎ ✗

뚱뚱한 곰이 겨울잠이 잔다. → ◎ ✗

해설 | '뚱뚱한 곰을 겨울잠이 잔다.'는 '뚱뚱한 곰이 겨울잠을 잔다.'로 쓰여야 맞는 문장이 됩니다.

쓰기가
문해력
이다

2단계

3주차 정답과 해설

소개하는 글이란 잘 알려지지 않았거나, 남이 모르는 사실이나 내용을 알려 주는 글을 말해요. 자신을 소개하거나 친구나 가족을 소개하거나 동물이나 물건을 소개할 수 있어요. 자신을 소개하는 글을 쓸 때에는 이름과 나이, 학교, 가족, 좋아하는 것, 잘하는 것 등을 쓸 수 있어요.

글로 써 보기 정리한 내용을 바탕으로, 자신을 소개하는 글을 써 봅니다.

이름, 나이
제 이름은 윤하나이고 9살입니다.

학교, 학년
저는 강산 초등학교 2학년입니다.

가족
우리 가족은 아빠, 엄마, 저 이렇게 세 명입니다.

좋아하는 것
저는 종이접기를 좋아해서 색종이를 많이 가지고 있습니다. 예쁘게 접은 종이를 보면 제 기분도 좋아집니다.

잘하는 것
그리고 저는 운동을 좋아하는데 특히 줄넘기를 잘합니다. 한 번에 쉬지 않고 100개도 할 수 있습니다.

장래 희망
저는 커서 여객기를 조종하는 비행사가 되고 싶습니다. 그래서 세계 여러 나라의 하늘길을 누비며 다니고 싶습니다.

* 여객기 여행하는 사람을 태워서 나르는 비행기.

나에 대해 자세히 떠올려 보고 자신을 소개하는 글을 쓰도록 해.

어떻게 쓸까요

자신을 소개하는 글쓰기

※ 흐리게 쓴 글자는 따라 써 보세요.

생각 모으기 자신에 대해 소개할 내용을 생각나는 대로 써 봅니다.

- 윤하나, 9살
- 강산 초등학교, 2학년

나

- 가족은 아빠, 엄마, 나
- 종이접기를 좋아함. 줄넘기를 잘함.
- 조종사가 되고 싶음.

생각 정리 생각나는 대로 쓴 것을 바탕으로, 자신에 대해 소개할 내용을 정리해 봅니다.

나의 특징이 잘 드러나게 쓰고, 읽는 사람이 궁금해할 만한 내용을 써 봐.

이름, 나이
윤하나이고, 9살입니다.

학교, 학년
강산 초등학교 2학년입니다.

가족
우리 가족은 아빠, 엄마, 저 이렇게 세 명입니다.

좋아하는 것
• 종이접기를 좋아합니다.
• 그래서 색종이를 많이 가지고 있습니다.

잘하는 것
줄넘기를 잘합니다. 쉬지 않고 100개도 할 수 있습니다.

장래 희망
여객기를 조종하는 비행사가 되고 싶습니다.

이렇게 써 봐요

생각 모으기

자신에 대해 소개할 내용을 생각나는 대로 써 보세요.

나

- 예) 박준하, 9살
- 삼성 초등학교, 2학년
- 예) 이사가 되고 싶음.
- 예) 가족은 할머니, 어머니, 나, 동생
- 예) 축구를 좋아함.
- 방 청소를 잘함.

> 나의 특징이 잘 드러나게 쓰고, 읽을 사람이 궁금해할 만한 내용을 써 봐.

생각 정리

생각나는 대로 쓴 것을 바탕으로, 자신에 대해 소개할 내용을 정리해 보세요.

이름, 나이 예) 박준하이고 9살입니다.

학교, 학년 예) 삼성 초등학교 2학년입니다.

가족 예) 할머니, 어머니, 나, 동생 이렇게 네 명입니다.

좋아하는 것 예) 축구를 좋아합니다. 축구 경기를 보는 것도 좋아하고, 직접 축구를 하는 것도 좋아합니다.

잘하는 것 예) 방 청소를 잘합니다. 제가 방 청소를 하고 나면 방이 반짝반짝해졌다며 어머니께서 좋아하십니다.

장래 희망 예) 어린이들을 치료해 주는 의사가 되고 싶습니다.

글로 써 보기

정리한 내용을 바탕으로, 자신을 소개하는 글을 써 보세요.

예) 제 이름은 박준하이고 9살입니다.

저는 삼성 초등학교 2학년입니다.

우리 가족은 할머니, 어머니, 저와 동생 이렇게 네 명입니다.

저는 축구를 아주 좋아합니다. 축구 경기를 보는 것도 좋아하고, 직접 친구들과 축구를 하는 것도 좋아합니다.

저는 방 청소를 잘합니다. 제가 방 청소를 하고 나면 방이 반짝반짝해졌다며 어머니께서 좋아하십니다.

저는 커서 의사가 되고 싶습니다. 특히 어린이들을 치료해 주는 의사가 되고 싶습니다.

> 나에 대해 자세히 떠올려 보고 자신을 소개하는 글을 쓰도록 해.

가족을 소개하는 글쓰기

어떻게 쓸까요

❀ 흐리게 쓴 글자는 따라 써 보세요.

생각 모으기 가족에 대해 소개할 내용을 생각나는 대로 써 봅니다.

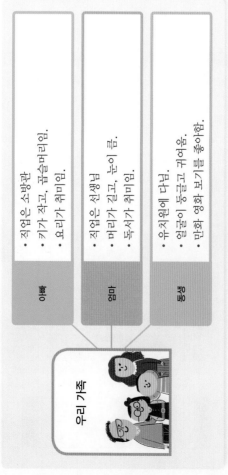

우리 가족

아빠
- 직업은 소방관
- 키가 작고, 곱슬머리임.
- 요리가 취미임.

엄마
- 직업은 선생님
- 머리가 길고, 눈이 큼.
- 독서가 취미임.

동생
- 유치원에 다님.
- 얼굴이 둥글고 귀여움.
- 만화 영화 보기를 좋아함.

가족 모두를 소개하기가 힘들면, 한두 명만 선택해서 소개해도 돼.

생각 정리 생각나는 대로 쓴 것을 바탕으로, 가족에 대해 소개할 내용을 정리해 봅니다.

아빠	
하는 일	소방관이십니다.
생김새	키가 작고, 곱슬머리입니다.
취미	요리입니다.

엄마	
하는 일	초등학교 선생님이십니다.
생김새	머리가 길고, 눈이 큽니다.
취미	독서입니다.

동생	
하는 일	유치원에 다닙니다.
생김새	얼굴이 둥글고 귀엽게 생겼습니다.
취미	만화 영화 보기입니다.

가족을 소개하는 글을 쓸 때에는 우리 가족의 이름, 하는 일, 생김새, 성격, 취미, 잘하는 것 등을 쓸 수 있어요. 그중 우리 가족의 특징을 가장 잘 알릴 수 있는 내용을 골라서 쓰면 됩니다. 우리 가족 모두를 소개하는 글을 쓸 수도 있고, 가족 중 한두 명을 골라 소개하는 글을 쓸 수도 있어요.

글로 써 보기 정리한 내용을 바탕으로, 가족을 소개하는 글을 써 봅니다.

우리 가족은 모두 네 명입니다.

아빠
아빠는 소방관이시고, 키가 작고, 곱슬머리입니다. 아빠의 취미는 요리입니다. 제가 좋아하는 달걀말이를 맛있게 만드십니다.

엄마
엄마는 초등학교 선생님이시고, 머리가 길고, 눈이 큽니다. 엄마의 취미는 독서*입니다.

동생
동생은 유치원에 다닙니다. 얼굴이 둥글고 귀엽게 생겼습니다. 동생의 취미는 만화 영화 보기입니다.

우리 가족은 좋아하는 것도, 잘하는 것도 다 다르지만 서로를 사랑하는 마음은 똑같습니다.

가족의 특징이 잘 드러나게 쓰고, 소개하려는 내용을 간단히 쓰면 돼. 어느 한 사람에 맞고 숫자하게 써야 해.

* **취미**: 전문적으로 하는 것이 아니고 즐기기 위해 하는 일.
* **독서**: 책을 읽음.

어휘력 | 생각 모으기

가족에 대해 소개할 내용을 생각나는 대로 써 보세요.

우리 가족

할머니
예)
- 집안일을 해 주심.
- 파마를 하셨고, 얼굴에 주름이 많음.
- 뜨개질이 취미임.

엄마
예)
- 꽃집을 함.
- 눈웃음이 예쁘고, 키가 큼.
- 테니스가 취미임.

동생
예)
- 유치원에 다님.
- 긴 머리를 두 갈래로 땋았고, 얼굴이 동그랗고 통통함.
- 블록 쌓기가 취미임.

> 가족 모두를 소개하기가 힘들면, 한두 명만 선택해서 소개해도 돼.

생각 정리

생각나는 대로 쓴 것을 바탕으로, 가족에 대해 소개할 내용을 정리해 보세요.

할머니 예)
- 하는 일 예) 집안일을 하십니다.
- 생김새 예) 뽀글뽀글하게 파마를 하셨고, 얼굴에 주름이 많으십니다.
- 취미 예) 뜨개질입니다.

엄마 예)
- 하는 일 예) 꽃집을 하십니다.
- 생김새 예) 눈웃음이 예쁘고, 키가 크십니다.
- 취미 예) 테니스입니다.

동생 예)
- 하는 일 예) 유치원에 다닙니다.
- 생김새 예) 긴 머리를 두 갈래로 땋았고, 얼굴이 동그랗고 통통합니다.
- 취미 예) 블록 쌓기를 좋아합니다.

글쓰기 | 글을 써 보기

정리한 내용을 바탕으로, 가족을 소개하는 글을 써 보세요.

예) 우리 가족은 모두 네 명입니다.

할머니께서는 집안일을 맡아서 하십니다. 할머니께서는 뽀글뽀글한 게 파마를 하셨고, 얼굴에 주름이 많으십니다. 할머니의 취미는 뜨개질입니다. 제 옷도 예쁘게 떠서 입혀 주십니다.

엄마는 꽃집 사장님입니다. 엄마는 눈웃음이 예쁘고, 키가 크십니다. 엄마의 취미는 테니스입니다. 가끔 저에게 테니스를 가르치려고 하시지만 저는 체미없어서 안 친다고 합니다.

사랑스러운 제 동생은 유치원에 다닙니다. 항상 긴 머리를 두 갈래로 땋고 있고, 얼굴이 동그랗고 통통합니다. 동생은 블록 쌓기를 좋아합니다.

우리 가족이 모두 모이는 저녁 시간이면 할머니께서 준비해 주신 맛있는 저녁을 먹으며 하루 동안 있었던 일을 이야기합니다. 하하 호호 웃음꽃이 피어나는 우리 가족이 있어 저는 정말 행복합니다.

> 가족의 특징이 잘 드러나게 쓰고, 소개하고 싶은 내용을 간단히 쓰면 돼. 없는 일을 지어내지 말고 솔직하게 써야 해.

물건을 소개하는 글쓰기

어떻게 쓸까요

❀ 흐리게 쓴 글자는 따라 써 보세요.

생각 모으기 소개하고 싶은 물건에 대해 생각나는 대로 써 봅니다.

시계

모양	• 둥근 모양임. • 숫자의 크기가 들쭉날쭉함. • 시곗바늘은 가늘고 긺.
색깔	• 테두리는 빨간색임. • 숫자는 알록달록함. • 시곗바늘은 검은색임.
쓰임새	• 시간을 알 수 있음. • 벽을 장식할 수 있음.

생각 정리 생각나는 대로 쓴 것을 바탕으로, 물건에 대해 소개할 내용을 정리해 봅니다.

> 물건의 특징을 잘 살펴보고, 물건을 소개하는 글을 써 봐.

모양	전체 둥급니다. 숫자 크기가 들쭉날쭉합니다. 시곗바늘 가늘고 깁니다.
색깔	테두리 빨간색입니다. 숫자 제각각 색깔이 달라서 알록달록합니다. 시곗바늘 시침과 분침 모두 검은색입니다.
쓰임새	• 시계를 보고 시간을 알 수 있습니다. • 모양이 예뻐서 벽을 장식할 수 있습니다.

❀ 물건을 소개하는 글을 쓸 때에는 물건의 모양, 색깔, 쓰임새 등에 대해 쓸 수 있어요. 먼저 물건을 잘 살펴보고, 글을 읽을 사람이 궁금해할 만한 물건의 특징을 골라서 자세하고 생생하게 표현해요.

글로 써 보기 정리한 내용을 바탕으로, 물건을 소개하는 글을 써 봅니다.

모양	제 방에 걸려 있는 이것은 벽에 거는 시계입니다. 전체 모양은 둥글고, 숫자는 크기가 들쭉날쭉* 다릅니다.
색깔	시계의 테두리는 빨간색이고, 숫자는 제각각 색깔이 달라서 알록달록합니다. 시곗바늘은 가늘고 긺며 시침과 분침* 모두 검은색입니다.
쓰임새	우리는 이 시계를 보고 시간을 알 수 있습니다. 또 이 시계는 모양이 예뻐서 벽을 장식할 수도 있습니다.

> 물건에 대한 내용을 정확하게 써야 해. 사실이 아닌 내용은 쓰면 안 돼.

* **들쭉날쭉** 들어가기도 하고 나오기도 하여 가지런하지 않은 모양.
* **시침** 시계에서 시를 가리키는 짧은 바늘.
* **분침** 시계에서 분을 가리키는 긴 바늘.

글로 써 보기 정리한 내용을 바탕으로, 물건을 소개하는 글을 써 보세요.

예)
이것은 손거울*입니다. 작년 생일 때 언니가 사 준 선물입니다.

거울의 테두리는 꽃 모양이고, 거울은 동그란 모양입니다. 손잡이는 길쭉해서 잡기에 편합니다. 거울 뒷면에는 귀여운 검은 고양이가 그려져 있습니다.

거울의 테두리는 빨간색이고, 손잡이는 노란색입니다.

우리는 손거울을 가방에 넣어 가지고 다니면서 필요할 때 꺼내 얼굴을 볼 수 있습니다. 이 손거울은 제 방에 걸려 있는 큰 거울보다 더 자주 제 얼굴을 비춰 보는 소중한 거울입니다.

물건에 대한 내용을 정확하게 써야 해. 사실이 아닌 내용을 쓰면 안 돼.

* 손거울을 가지고 다니기 편하게 만든 작은 거울.

이렇게 써요

생각 모으기 소개하고 싶은 물건에 대해 생각나는 대로 써 보세요.

예) 손거울

모양	예) • 꽃 모양임. • 동그란 모양임. • 길쭉한 모양임.
색깔	예) • 테두리는 빨간색임. • 손잡이는 노란색임.
쓰임새	예) 가지고 다니면서 얼굴을 볼 때 사용함.

물건의 특징을 잘 살펴보고, 물건을 소개하는 글을 써 봐.

생각 정리 생각나는 대로 쓴 것을 바탕으로, 물건에 대해 소개할 내용을 정리해 보세요.

모양	예) • 테두리: 꽃 모양입니다. • 거울: 동그란 모양입니다. • 손잡이: 길쭉한 모양입니다.
색깔	예) • 테두리: 빨간색입니다. • 손잡이: 노란색입니다.
쓰임새	예) 가지고 다니면서 얼굴을 볼 때 사용합니다.

그림일기 쓰기

어떻게 쓸까요

그림일기로 쓸 내용을 생각나는 대로 써 봅니다.

생각 모으기

[해 그림]
• 선물을 많이 받았음.
• 맛있는 음식을 많이 먹었음.
• 친구들과 보드게임을 했음.
• 정말 재미있었음.
• 내년 생일이 빨리 왔으면 좋겠음.

[달 그림]
• 동생이 장난을 심하게 쳐서 싸웠음.
• 아빠에게 나만 혼이 나서 화가 났음.

[해 그림]
• 할머니께서 편찮으시다는 소식을 들었음.
• 빨리 나으셨으면 좋겠음.

> 아침, 낮, 저녁에 있었던 일 중 가장 기억에 남는 일을 중심으로 써 봐.

생각 정리 | 생각나는 대로 쓴 것을 바탕으로, 그림일기로 쓸 내용을 정리해 봅니다.

낱말 내용	20○○년 4월 26일 일요일
날씨	해님이 따뜻한 날 (tip) 날씨를 자세하게 씁니다.
제목	즐거운 생일잔치
그림으로 그릴 내용	생일잔치를 하는 모습
글로 쓸 내용	• 친구들에게 선물을 많이 받았다. • 맛있는 음식을 많이 먹었다. • 친구들과 보드게임을 했다. • 정말 재미있었다. • 내년 생일이 빨리 왔으면 좋겠다.

● 흐리게 쓴 글자는 따라 써 보세요.

그림일기는 날마다 그날 겪은 일이나 느낀 점들을 그림을 곁들여 쓰는 일기를 말해요. 그림일기를 쓸 때에는 다음 순서에 맞춰 씁니다.

'하루 동안에 겪은 일을 떠올려요. → 기억에 남는 일을 골라요. → 날짜와 요일, 날씨를 써요. → 그림을 그리고 내용을 써요. → 쓴 것을 다시 읽고 다듬어요.'

글로 써 보기 | 정리한 내용을 바탕으로, 그림일기를 써 봅니다.

날짜와 요일	20○○년 4월 26일 일요일
날씨	해님이 따뜻한 날
제목	즐거운 생일잔치
그림	
글로 쓸 내용	오늘 우리 집에서 내 생일잔치를 했다. 친구들에게 선물 을 많이 받았다. 특히 승이의 선물은 내가 갖고 싶던 색연 필이어서 마음에 꼭 들었다. 맛있는 음식도 먹고 친구들과 보드게임을 하면서 놀았는데 정말 재미있었다. 내년 생일도 빨리 왔으면 좋겠다.

> 일기를 쓸 때 제목을 정해서 쓴 일이었던 일을 더 잘 기억할 수 있어.

글쓰기 준비

정리한 내용을 바탕으로, 그림일기를 써 보세요.

날짜와 요일 예) 20○○년 4월 26일 **날씨** 예) 바람이 시원한 날

제목 예) 아빠랑 쿠키 만들기

그림

글로 쓸 내용

저녁에 아빠와 초코칩쿠키를 만들었다. 내가 넣고 싶은 만큼 초
코칩을 많이 넣었더니 쿠키가 정말 달콤하고 맛있었다. 쿠키를 다
만들고 어질러진 부엌을 1시간 동안이나 치웠다. 맛있는 쿠키를 먹
는 건 좋았지만, 부엌을 치우는 것이 너무 힘들었다. 다음부터는 너
무 어지르지 말고 쿠키를 만들어야겠다고 마음먹었다.

> 일기를 쓸 때 제목을
> 정해서 쓰면 있었던 일을
> 더 잘 기억할 수 있어.

이해력 쑥쑥

글쓰기 준비

그림일기로 쓸 내용을 생각나는 대로 써 보세요.

생각 모으기

예) 늦잠을 잔 일
예) 늦잠 자서 학교에 지각
했음.
• 선생님께 꾸중을 들었음.

예) 수랑과 논 일
예) 짝 수랑이랑 줄넘기를 했음.
• 내가 저서 기분이 안
좋았음.

예) 아빠와 쿠키를 만든 일
예) 아빠와 초코칩쿠키를
구웠음.
• 초코칩을 많이 넣어서
정말 맛있었음.
• 어질러진 부엌을 1시간 동
안이나 치웠음.
• 맛있는 쿠키를 먹는 건
좋았지만, 부엌을 치우는
것이 너무 힘들었음.

> 아침, 낮, 저녁에 있었던
> 일 중 가장 기억에 남는
> 일을 중심으로 써 봐.

생각 정리

생각나는 대로 쓴 것을 바탕으로, 그림일기로 쓸 내용을 정리해 보세요.

날짜와 요일 예) 20○○년 4월 26일 일요일

날씨 예) 바람이 시원한 날

제목 예) 아빠랑 쿠키 만들기

함께한 장면 예) 아빠와 쿠키를 만드는 모습

글로 쓸 내용 예) • 아빠와 초코칩쿠키를 구웠다.
• 어질러진 부엌을 1시간 동안이나 치웠다.
• 초코칩을 많이 넣어서 쿠키가 정말 맛있었다.
• 맛있는 쿠키를 먹는 건 좋았지만, 부엌을 치우는 것이 너무 힘들었다.

일기 쓰기

(3주차) **5회**

이렇게 쓸까요

일기로 쓸 내용을 생각나는 대로 써 봅니다.

생각 모으기

☀
- 아침밥을 못 먹고 학교에 갔음.
- 엄마에게 혼이 날 때 섬섬했음.

☀
- 미술 시간에 미래 모습 그리기를 했음.
- 준우의 그림을 따라 그렸음.
- 준우가 화를 내며 내 그림을 찢었음.
- 준우가 미안하다고 사과했음.
- 나도 준우에게 미안하다고 했음.
- 서로 사과함.

 일기의 글감은 하루 동안 있었던 모든 일들이 될 수 있어. 하지만 매일매일 반복되는 일은 좋은 글감이 아니야.

🌙
- 로봇이 주인공으로 나오는 만화책을 읽었음.
- 아빠와 씨우는 장면에서 조마조마했음.

생각 정리

생각나는 대로 쓴 것을 바탕으로, 일기로 쓸 내용을 정리해 봅니다.

날짜와 요일
20○○년 5월 19일 화요일

제목
바람이 살랑살랑 분 날

있었던 일
- 미술 시간에 미래의 모습 그리기를 했다.
- 준우의 그림을 따라 그렸다.
- 준우가 화를 내며 내 그림을 찢었다.
- 준우가 미안하다고 사과했다.
- 나도 준우에게 미안하다고 했다.

생각·느낌
- 미래 모습을 어떻게 표현해야 할지 몰라서 당황했었다.
- 준우가 내 그림을 찢었을 때 화가 났다.
- 준우 그림을 따라 그린 게 미안했고, 준우가 먼저 사과해 주어서 고마웠다.
- 다음부터는 잘못한 일이나 미안한 일이 있으면 내가 먼저 사과를 해야겠다고 마음먹었다.

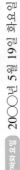

일기를 쓸 때, '있었던 일'은 누구와 언제, 어떤 일이, 무엇 때문에 벌어졌는지 자세하게 써요. '생각'이나 '느낌'은 그 일 때문에 나의 기분은 어땠는지, 그때 나는 어떤 생각이 들었는지 느낌을 표현해요.

글로 써 보기

정리한 내용을 바탕으로, 일기를 써 봅니다.

날짜와 요일
20○○년 5월 19일 화요일

제목
준우야 미안해
바람이 살랑살랑 분 날

있었던 일
미술 시간에 미래의 모습 그리기를 했다. 미래 모습을 어떻게 표현해야 할지 몰라서 당황했다.* 그래서 준우의 그림을 따라 그렸다. 하늘을 날아다니는 기차와 공중*에 떠 있는 집을 특같이 그렸다. 그러자 준우가 화를 내며 내 그림을 찢어 버렸다.

생각·느낌
나도 화가 났다. 하지만 준우가 큰 미안하다고 사과했다. 나도 그림을 따라 그려서 미안하다고 사과했다. 준우가 먼저 사과해 주어서 참 고마운 마음이 들었다. 다음부터는 잘못한 일이나 미안한 일이 있으면 내가 먼저 사과를 해야겠다고 마음먹었다.

* **당황했다**: 놀라서 어쩔 줄을 몰랐다.
* **공중**: 하늘과 땅 사이의 빈 곳

겪은 일 중에서 특별히 생각나는 일을 골라 그때의 생각이나 느낌을 함께 써 봐.

글을 써 보기 — 정리한 내용을 바탕으로, 일기를 써 보세요.

날짜: 예) 2000년 6월 2일 수요일
날씨: 예) 비가 많이 내린 날
제목: 예) 누가 내 우산을 가져갔을까?

수업이 끝나고 집에 가려는데 비가 많이 많이 왔다. 우산꽂이에 둔 우산을 찾으려는데, 내 우산이 보이지 않았다. 누가 내 우산을 자신의 우산으로 착각하고 잘못 가져갔을까? 난 비를 쫄딱 맞으면서 집까지 걸어왔다. 비옷도 입지 않고 비를 맞으니까 시원하고 기분이 좋았다. 젖은 머리에서 빗물이 뚝뚝 떨어지는 것이 재미있었다. 비를 맞을 때는 재미있었는데, 집에 오니 몸이 으슬으슬 추워지기 시작했다. 감기에 걸렸을까 봐 걱정이 된다. 친구와 우산을 함께 쓰고 올 걸 그랬나 후회가 된다. 다음부터는 비를 맞고 다니지 말아야겠다.

> 겪은 일 중에서 특별히 생각나는 일이나 그때의 느낌을 함께 써 봐.

오늘 배운 글쓰기

생각 모으기 — 일기로 쓸 내용을 생각나는 대로 써 보세요.

☀
예) • 엄마께서 내가 좋아하는 반찬을 만들어 주셨음.
• 밥을 두 그릇이나 먹었음.

☀
예) • 우산꽂이에 둔 우산이 없어졌음.
• 비를 맞고 집까지 걸어 왔음.
• 비를 맞으니까 시원하고 기분이 좋았음.
• 비를 맞을 때는 재미있었는데, 집에 와서 몸이 으슬으슬 추워지니 감기에 걸렸을까 봐 걱정이 됨.

🌙
예) • 일찍 자려고 일기를 서둘러 썼음.

> 일기의 글감은 하루 동안 있었던 모든 일들이 될 수 있어. 하지만 매일매일 반복되는 일은 좋은 글감이 아니야.

생각 정리 — 생각나는 대로 쓴 것을 바탕으로, 일기로 쓸 내용을 정리해 보세요.

날짜: 예) 2000년 6월 2일 수요일
날씨: 예) 비가 많이 내린 날
첫 문장: 예) • 집에 가려는데 우산꽂이에 둔 우산이 없어졌었다.
• 비를 맞고 집까지 걸어왔다.
생각: 예) • 비옷도 입지 않고 비를 맞으니까 시원하고 기분이 좋았다.
• 비를 맞을 때는 재미있었는데, 집에 와서 몸이 으슬으슬 추워지니 감기에 걸렸을까 봐 걱정이 된다.

참 잘했어요

미로 찾기

물놀이를 하려면 미로를 통과해야 해요. 사다리를 타고 내려가 보세요.

힌트: 그림 읽기에 들어가야 할 내용의 길을 따라 가면 됩니다.

출발

주소

날짜

시간표

그림

있었던 모든 일

기억에 남는 일

생각이나 느낌

받는 사람

도착

알아두어요

받아쓰기

받아쓰기가 틀린 것을 바르게 고쳐 쓰고, 100점짜리 답안지를 만들어 주세요.

보기
오늘은 날씨가 좋다. → ①오늘은 날씨가 좋다.

시험지 채점하기

1. 저는 줄넘기를 잘합니다.
2. 우리 가족은 네 명입니다.
3. 벽에 거는 시계입니다.
4. 내 생일잔치를 했다.
5. 내 그림을 찢어 버렸다.

100점 만들기

1. 저는 줄넘기를 잘합니다.
2. 우리 가족은 네 명입니다.
3. 벽에 거는 시계입니다.
4. 내 생일잔치를 했다.
5. 내 그림을 찢어 버렸다.

해설 | 3, 5번 4번을 바르게 쓰면 '세 명, 세 명'입니다. 4번 '생일잔치'는 사진을 나타내는 물건은 '사진'입니다. 시간표가 바른 표기입니다.

글을 쓰는 방법

소개하는 글을 쓰는 방법으로 알맞으면 ◎에, 일맞지 않으면 ✗에 ○표 하세요.

자신을 소개하는 글을 쓸 때에는 이름, 나이, 좋아하는 것, 잘하는 것, 장래 희망 등을 씁니다.

물건을 소개하는 글을 쓸 때에는 물건의 쓰임새나 모양, 색깔 등을 쓰면 안 됩니다.

소개하는 사람이나 소개하는 물건의 특징이 잘 드러나게 씁니다.

읽을 사람이 이미 알고 있는 내용이라도 여러 번 자세히 소개합니다.

읽을 사람이 궁금해할 내용을 소개합니다.

해설 | 물건을 소개하는 글을 쓸 때에는 물건의 쓰임새나 모양, 색깔 등을 씁니다. 읽는 사람이 이미 알고 있는 내용보다는 궁금해하는 내용을 자세히 소개합니다.

해설 | '주소'와 '받는 사람'은 편지글에 들어가는 내용입니다.

쓰기가
문해력
이다

2단계

4주차 정답과 해설

초대하는 쪽지를 쓰기

4주차 1회

어떻게 쓸까요

(tip) 초대를 할 때, 고마운 마음을 전할 때, 칭찬할 때, 무엇을 부탁할 때, 사과하는 마음을 전할 때 쪽지를 써서 상대에게 마음을 전할 수 있습니다.

생각 모으기 초대하는 쪽지에 쓸 내용을 생각하는 대로 써 봅니다.

초대하는 내용

- 음악회를 열심히 준비했음.
- 우리 공연을 꼭 보여 드리고 싶음.

- 2학년 1반 음악회
- 다음 주 토요일 오후 2시
- 강산 초등학교 2학년 1반 교실에서 함.

2학년 1반 학생들이 부모님을 초대함.

초대란 누구를 어디로 와 달라고 부탁하는 것이므로 때, 장소도 중요하지만 무슨 일로 초대하는지, 전하고 싶은 말은 무엇인지도 정확하게 써야 해.

생각 정리 생각나는 대로 쓴 것을 바탕으로, 초대하는 쪽지에 쓸 내용을 정리해 봅니다.

받는 사람	부모님
내용	2학년 1반 음악회에 초대합니다.
전하고 싶은 말	· 음악회를 준비하면서 매일 열심히 연습했습니다. · 열심히 준비한 공연을 부모님께 꼭 보여 드리고 싶습니다.
언제	다음 주 토요일 오후 2시
어디에서	강산 초등학교 2학년 1반 교실
쓴 사람	2학년 1반 학생들

쪽지글은 전하려는 내용을 종이에 간단하게 쓰는 글을 말해요. 초대하는 쪽지글은 누군가를 초대하고 싶은 마음을 전하는 글로, 언제, 어디에서, 무슨 일로 초대하는지, 받는 사람과 쓴 사람은 누구인지를 써야 해요.

🎵 초리개 쓴 글자는 따라 써 보세요.

글로 써 보기 정리한 내용을 바탕으로, 초대하는 쪽지글을 써 봅니다.

받는 사람	부모님께
내용	2학년 1반 음악회에 초대합니다.
전하고 싶은 말	음악회를 준비하면서 매일 열심히 연습했습니다. 열심히 준비한 공연을 부모님께 꼭 보여 드리고 싶어요. 바쁘시더라도 오셔서 재미있게 보시고, 박수도 많이 쳐 주세요.
언제	다음 주 토요일 오후 2시
어디에서	강산 초등학교 2학년 1반 교실
쓴 사람	2학년 1반 학생들 올림.

쪽지글은 편지와 비슷하지만 편지보다 간단하게 쓸 수 있어서 참 편리한 글이에요. 쪽지를 받는 사람의 마음을 움직일 수 있는 내용으로 써 봐.

글을 써 보기

정리한 내용을 바탕으로, 초대하는 쪽지글을 써 보세요.

예) 2학년 1반 친구들에게

내 생일날에 너희를 초대할게.

주말에 너희와 놀 기회가 많지 않아서 늘 아쉬웠어. 그래서 이번

내 생일날에 너희를 초대해서 즐겁게 보내려 해.

우리 엄마가 맛있는 음식을 많이 준비해 주신다고 했어. 우리 집

에 와서 맛있는 음식도 먹고, 나랑 함께 게임도 하자. 시간 되는 친

구들은 나의 생일잔치에 꼭 와 줘! 기다릴게.

*언제: 다음 주 일요일 오후 1시

*어디에서: 소망아파트 5동 109호

너희들의 친구 한나가

쪽지글은 편지와 비슷하지만 편지보다 간단하게 쓸 수 있어서 참 편리한 글이야. 초대를 받는 사람의 마음을 움직일 수 있는 내용으로 써 봐.

이해력 키우기

생각 모으기

초대하는 쪽지에 쓸 내용을 생각나는 대로 써 보세요.

초대할 내용

- 예) 김한나가 2학년 1반 친구들을 초대함.

- 예) 엄마가 맛있는 음식을 많이 준비함.
  - 우리 집에 와서 즐겁게 놀았으면 좋겠음.

- 예) 생일잔치 초대
  - 다음 주 일요일 오후 1시
  - 소망아파트 5동 109호에서 함.

초대한 것이므로 와 달라고 부탁하는 것이므로, 장소도 중요하지만 무슨 일로 초대하는지, 전하고 싶은 말이 무엇인지도 정확히 써야 해.

생각 정리

생각나는 대로 쓴 것을 바탕으로, 초대하는 쪽지글에 쓸 내용을 정리해 보세요.

받는 사람
예) 2학년 1반 친구들

내용
예) 내 생일날에 너희를 초대할게.

전하고 싶은 말
예) 우리 엄마가 맛있는 음식을 많이 준비해 주신다고 했어.
우리 집에 와서 즐겁게 놀았으면 좋겠어.

언제
예) 다음 주 일요일 오후 1시

어디에서
예) 소망아파트 5동 109호

쓴 사람
예) 김한나

고마운 마음을 전하는 쪽지글 쓰기

어떻게 쓸까요

🖤 흐리게 쓴 글자는 따라 써 보세요.

생각 모으기 고마운 마음을 전하는 쪽지글에 쓸 내용을 생각나는 대로 써 봅니다.

무슨 일로 고마웠는지를 쓰고 자신의 마음을 솔직하게 표현해 봐

- 지난 목요일
- 학교 운동장에서

고마웠던 일

- 넘어져서 무릎을 다쳤음.
- 연우가 뛰어가서 선생님을 모시고 옴.

- 친구 연우에게 고마웠음.
- 친구 연우의 행동에 감동했음.

생각 정리 생각나는 대로 쓴 것을 바탕으로, 고마운 마음을 전하는 쪽지글에 쓸 내용을 정리해 봅니다.

받는 사람
친구 최연우

쓸 내용
- 지난 목요일에 집에 갈 때
- 학교 운동장에서
- 넘어져서 무릎을 다쳤다.
- 연우가 교실로 뛰어가서 선생님을 모시고 왔다.

전하고 싶은 마음
- 연우에게 정말 고마웠다.
- 연우가 깜짝 놀라서 뛰어가는 모습을 보고 감동했다.

쓴 사람
신윤호

고마운 마음을 전하는 쪽지글을 쓸 때에는 누구에게, 어떤 일로 고마운 마음이 들었는지를 쓰고, 고마움을 나타내는 말로 자신의 마음을 솔직하게 전달해야 해요.

글로 써 보기 정리한 내용을 바탕으로, 고마운 마음을 전하는 쪽지글을 써 봅니다.

받는 사람
연우에게

쓸 내용
연우야, 지난 목요일에 집에 갈 때 있었던 일 기억나니? 내가 운동장에서 넘어져서 무릎을 다쳤잖아.

전하고 싶은 마음
그때 네가 보건실로 뛰어가서 선생님을 바로 모시고 와서 정말 고마웠어. 연우 네가 깜짝 놀라서 뛰어가는 모습을 보고 감동받았어. 아픈 것도 잊었지 뭐야. 넌 참 좋은 친구야! 우리 앞으로도 지금처럼 서로 도우면서 친하게 지내자.

쓴 사람
윤호가

누가 썼는지 알 수 있게 쓴 사람을 밝혀야 해.

이룸새김 · 생각 모으기

고마운 마음을 전하는 쪽지글에 쓸 내용을 생각나는 대로 써 보세요.

고마웠던 일

(예) 어제 학교에서
- 어려운 수학 문제를 진절하게 알려 주심.
- 친구들을 괴롭히는 장난꾸러기들을 혼내 주심.

(예)
- 선생님께 감사함.
- 사랑함.

> 무슨 일로 고마웠는지를 쓰고 자신의 마음을 솔직하게 표현해 봐!

생각 정리

생각나는 대로 쓴 것을 바탕으로, 고마운 마음을 전하는 쪽지글에 쓸 내용을 정리해 보세요.

받는 사람	(예) 선생님
쓸 내용	(예) • 학교에서 어려운 수학 문제를 여쭈었을 때 진절하게 알려 주셨다. • 친구들을 괴롭히는 장난꾸러기들을 혼내 주셨다.
전하고 싶은 마음	(예) • 선생님 정말 감사합니다. • 선생님을 사랑해요
쓴 사람	(예) 최지아

글로 써 보기

정리한 내용을 바탕으로, 고마운 마음을 전하는 쪽지글을 써 보세요.

(예) 선생님께

선생님, 제가 어제 수업이 끝난 후 수학 문제가 어려
워서 선생님께 여쭈어 봤을 때 진절하게 알려 주셔서 정
말 감사합니다. 그리고 친구들을 괴롭히는 동호, 민수
장난꾸러기들을 혼내 주셔서 고맙습니다. 장난꾸러기들
이 매일 제 머리를 잡아당기고, 제 별명을 부르면서 놀
려서 정말 괴로웠어요. 선생님께서 혼내 주셔서 이제 함
부로 저에게 장난을 못 칠 것 같아요. 선생님이 우리 담
임 선생님이라 정말 좋아요. 선생님 정말 감사합니다.
선생님을 사랑해요.

최지아 올림.

> 누가 썼는지 알 수 있게 쓴 사람을 밝혀야 해.

3회 4주차

어떻게 쓸까요

칭찬하는 쪽지를 쓰기

◆ 흐리게 쓴 글자는 따라 써 보세요.

생각 모으기 칭찬하는 쪽지에 쓸 내용을 생각나는 대로 써 봅니다.

칭찬할 내용

세연이는 줄넘기를 잘함.

- 세연이는 줄넘기 200번 넘기를 목표로 정함.
- 세연이는 매일 연습을 함.

- 줄넘기를 하는 모습이 정말 멋있음.
- 노력하는 모습을 본받고 싶음.

친구들이 한 일을 떠올려 보고, 칭찬할 만한 일이 무엇인지 생각해 봐.

생각 정리 생각나는 대로 쓴 것을 바탕으로, 칭찬하는 쪽지에 쓸 내용을 정리해 봅니다.

받는 사람 김세연

쓸 내용
- 세연이는 줄넘기를 잘한다.
- 줄넘기 200번 넘기를 목표로 정하고, 열심히 노력한다.
- 하루도 빼먹지 않고 줄넘기를 연습한다.

생각, 느낌
- 휘휙 소리를 내며 줄넘기를 하는 모습이 정말 멋있다.
- 목표를 이루려고 열심히 노력하는 모습을 본받고 싶다.
- 나도 줄넘기를 잘할 수 있도록 꾸준히 연습해야겠다.

쓴 사람 신동하

칭찬하는 쪽지를 쓸 때에는 친구가 잘하는 점이나 노력하는 점 등 칭찬할 만한 일을 써요. 그리고 칭찬한 일에 대한 자신의 생각이나 느낌을 함께 써요.

글로 써 보기 정리한 내용을 바탕으로, 칭찬하는 쪽지를 써 봅니다.

받는 사람 세연이에게

쓸 내용 세연아, 너는 줄넘기를 참 잘해. 휘휙 소리를 내며 줄넘기를 하는 모습을 보면 정말 멋있어.

줄넘기 200번 넘기를 목표로 정했다고 했지? 목표를 이루려고 하루도 빠지지 않고 열심히 연습하는 모습을 보면서 나도 너를 본받고 싶다고 생각했어.

생각, 느낌 나도 너처럼 줄넘기를 잘할 수 있도록 꾸준히 연습하려고 해.

쓴 사람 동하가

친구가 잘하는 점이나 노력하는 점이 잘 드러나게 써. 칭찬하는 표현도 알맞게 쓰면 좋아.

* **목표** 이루고 싶은 것. 또는 이루려고 마음속에 품은 것.

이렇게 써 봐요

생각 모으기 칭찬하는 쪽지글에 쓸 내용을 생각나는 대로 써 보세요.

칭찬할 내용

예) 나리는 인사를 잘함.
- 나리는 항상 웃으면서 인사함.
- 나리는 친구들에게 먼저 인사함.

예) 나리는 인사를 잘함.
- 항상 웃으면서 인사하는 나리의 모습을 보면 나까지 기분이 좋아짐.
- 나도 인사를 잘해야겠다는 생각이 듦.

> 친구들이 한 일을 떠올려 보고, 칭찬할 만한 일이 무엇인지 생각해 봐

생각 정리 생각나는 대로 쓴 것을 바탕으로, 칭찬하는 쪽지글에 쓸 내용을 정리해 보세요.

받는 사람 예) 한나리

쓸 내용
- 예) 나리는 인사를 잘한다.
- 나리는 항상 웃으면서 인사한다.
- 아침에 학교에 왔을 때나 집에 갈 때 친구들에게 먼저 인사한다.

생각, 느낌
- 예) 항상 웃으면서 인사하는 나리의 모습을 보면 기분이 좋아진다.
- 나도 인사를 잘해야겠다는 생각이 든다.

쓴 사람 예) 이은호

글로 써 보기 정리한 내용을 바탕으로, 칭찬하는 쪽지글을 써 보세요.

예) 나리에게

나리야, 너는 인사를 참 잘해. 항상 웃으면서 인사하는 모습
이 정말 좋아 보여. 아침에 학교에 왔을 때나 집에 갈 때 네가 먼
저 친구들에게 인사하잖아. 그럴 때마다 우리 반 친구들도 덩달
아 웃으면서 인사를 하곤 했지. 네 덕분에 우리 반이 인사를 잘
하는 반이 된 것 같아.

나리 넌 정말 마음이 곱고 따뜻한 거 같아. 네가 웃으면서 인
사하는 모습을 보면 나까지 기분이 좋아진단다. 너를 보면 나도
인사를 잘해야겠다는 생각이 들어. 학교에서뿐만 아니라 언제
어디에서고 먼저 인사하는 습관을 들여야겠어.

운호가

> 친구가 잘하는 점이나 노력하는 점이 잘 드러나게 써, 칭찬하는 표현도 다양하게 써야 해.

43 정답과 해설 2단계 4주차

4주차 4회 부탁하는 쪽지를 쓰기

어떻게 쓸까요

'부탁'이란 어떤 일을 해 달라고 청하거나 맡긴다는 뜻이에요. 부탁하는 쪽지를 쓸 때에는 부탁하는 내용이 무엇인지 분명히 드러나게 쓰고, 왜 그것을 부탁하는지 까닭도 자세히 써야 해요. 그리고 부탁을 받는 사람의 마음을 생각해서 예의 바른 말을 사용해야 해요.

생각 모으기 부탁하는 쪽지에 쓸 내용을 생각나는 대로 써 봅니다.

흐리게 쓴 글자는 따라 써 보세요.

부탁할 내용

친구 지후가 수업 시간에 장난을 치지 않았으면 좋겠음.

• 선생님 말씀을 잘 들을 수가 없음.
• 나까지 선생님께 꾸중을 듣게 됨.
• 다른 친구들에게도 방해가 됨.

들어줄 수 있는 부탁인지 생각해 보고 부탁하고 싶은 내용을 까닭과 함께 예의 바르게 쓰도록 해.

생각 정리 생각나는 대로 쓴 것을 바탕으로, 부탁하는 쪽지에 쓸 내용을 정리해 봅니다.

받는 사람	정지후
부탁하고 싶은 것	제발 수업 시간에 장난을 치지 말아 줘.
부탁하는 까닭	• 선생님 말씀을 잘 들을 수가 없어. • 나까지 선생님께 꾸중을 듣게 돼. • 다른 친구들에게도 방해가 돼.
쓴 사람	고나연

글로 써 보기 정리한 내용을 바탕으로, 부탁하는 쪽지를 써 봅니다.

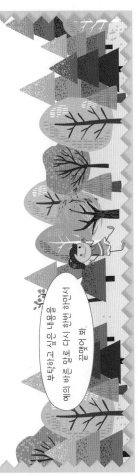

받는 사람 지후에게

부탁하고 싶은 것 지후야, 부탁하고 싶은 것이 있어. 제발 수업 시간에 장난을 치지 말아 줘.

부탁하는 까닭 네가 장난을 치면 선생님 말씀을 잘 들을 수가 없어. 그리고 내가 장난을 칠 때마다 나까지 선생님께 꾸중을 듣게 되잖아. 게다가 다른 친구들에게도 방해가 된단 말이야. 그러니까 수업 시간에 장난치는 것 좀 참아 줄래? 그러면 우리 사이도 좋아지고 좀 더 친하게 지낼 수 있을 것 같아.

부탁하게 지후야.

쓴 사람 나연이가

부탁하고 싶은 내용을 까닭과 바른 말로 다시 한번 하면서 예의 바른 끝인사도 잊지 마.

어휘력 쌓기

글로 써 보기 정리한 내용을 바탕으로, 부탁하는 쪽지글을 써 보세요.

아빠, 엄마께

예) 아빠, 엄마께

아빠, 엄마, 부탁드리고 싶은 것이 있어요. 제발 제가 다니는

학원 수를 좀 줄여 주세요.

피아노 학원, 미술 학원, 태권도 학원, 영어 학원을 다 다니며

내가 학교 숙제를 할 시간이 부족해요. 그리고 친구들과 놀 시간

도 없어요. 정말 친구들과도 놀고 싶어요. 그리고 지는 피아노

지는 가랑 그림 그리는 것을 좋아하지만 태권도랑 영어는 재미

가 없고 힘들기만 해요. 그러니까 피아노 피아노랑 미술 학원만

다니게 해 주세요.

사랑스러운 딸 소은 올림

이해력 쌓기

생각 모으기 부탁하는 쪽지글에 쓸 내용을 생각나는 대로 써 보세요.

부탁할 내용

예) 부모님께서 학원 수를 줄여 주셨으면 좋겠음.

예) • 학교 숙제를 할 시간이 부족함.
• 친구들과 더 놀고 싶음.
• 태권도와 영어가 재미 없고 힘듦.

생각 정리 생각나는 대로 쓴 것을 바탕으로, 부탁하는 쪽지글에 쓸 내용을 정리해 보세요.

들어줄 수 있는 부탁인지 생각해 보고
부탁하고 싶은 내용을 까닭과 함께
예의 바르게 쓰도록 해.

받는 사람 예) 부모님

부탁하고 싶은 것 예) 학원 수를 줄여 주세요.

부탁하는 까닭 예) • 학교 숙제를 할 시간이 부족해요.
• 친구들과 더 놀고 싶어요.
• 지는 피아노 지는 가랑 그림 그리는 것을 좋지만, 태권도와 영어가 재미가
없고 힘들어요.

쓴 사람 예) 최소은

'사과'란 잘못이나 실수를 저질러서 미안하다고 하는 것을 말해요. 사과하는 쪽지를 쓸 때에는 상대가 잘 알 수 있도록 언제, 어떤 일이 있었는지 쓰고, 미안한 마음을 표현하는 말과 앞으로의 나의 다짐을 쓰도록 해요. 특히 미안한 마음을 표현할 때에는 진심을 담아 사과해야 해요.

글로 써 보기 정리한 내용을 바탕으로, 사과하는 쪽지를 써 봅니다.

받는 사람 연호에게

있었던 일 연호야, 어제 거실에서 공놀이를 하다가 꽃병을 깼잖아.

전하고 싶은 마음 내가 공을 잘못 던져서 꽃병이 깨졌는데, 엄마에게 사실대로 말하지 못해서 네에게 정말 미안했어. 나 대신 혼나는 네 모습을 보고 너무 미안해서 마음이 아팠어.

앞으로의 다짐 엄마에게 어제 일도 사실대로 말하고, 앞으로는 내가 잘못한 일은 솔직하게 말할게.

형이 잘못했어. 내 사과를 받아 줄 거지? 다시 한번 미안해, 연호야.

형 지호가

쓴 사람

사과하는 쪽지글에는 '미안해', '죄송합니다'와 같이 미안한 마음을 표현하는 낱말이 들어가야 해.

5회 사과하는 쪽지를 쓰기

어떻게 쓸까요

흐리게 쓴 글자는 따라 써 보세요.

생각 모으기 사과하는 쪽지에 쓸 내용을 생각나는 대로 써 봅니다.

사과할 내용

어제 거실에서 공놀이를 하다가 내가 꽃병을 깬 일

- 엄마에게 사실대로 말하지 못해서 미안했음.
- 엄마에게 나 대신 동생이 혼나는 모습을 보고 마음이 아팠음.

앞으로 내가 잘못한 일은 솔직하게 말할 것임.

> 앞으로 사과하기가 쑥스러울 때에는 진심을 담아 글로 써 봐.

생각 정리 생각나는 대로 쓴 것을 바탕으로, 사과하는 쪽지에 쓸 내용을 정리해 봅니다.

받는 사람 동생 연호

있었던 일 어제 거실에서 공놀이를 하다가 내가 꽃병을 깬 일

전하고 싶은 마음
- 내가 공을 잘못 던져서 꽃병이 깨졌는데 엄마에게 사실대로 말하지 못해서 네에게 미안했어.
- 나 대신 혼나는 네 모습을 보고 마음이 아팠어.

앞으로의 다짐 앞으로 내가 잘못한 일은 솔직하게 말할게.

쓴 사람 형 지호

글로 써 보기

정리한 내용을 바탕으로, 사과하는 쪽지글을 써 보세요.

예) 엄마에게

엄마, 제가 어제 방 청소를 한다고 해 놓고 친구들과 야구를 하러 나가서 죄송합니다. 야구를 하고 집들어 와서 청소를 하려고 했는데, 피곤해서 그만 못 하고 잠들어 버렸어요. 평소에도 엄마가 제 방 청소를 해 주셨는데…… 어제는 정말 제가 방 청소를 하려고 했는데 또 엄마가 해 주셨네요. 감사합니다.

엄마, 앞으로는 방 청소를 미루지 않고 열심히 할게요. 이제 제 방 청소는 안 해 주셔도 돼요. 어제 일은 용서해 주세요. 다음 부턴 약속을 잘 지킬게요.

아들 지호 올림.

> 사과하는 쪽지글에는 '미안해', '죄송합니다.'와 같이 미안한 마음을 표현하는 낱말이 들어가야 해.

이렇게 써 봐

생각 모으기 사과하는 쪽지글에 쓸 내용을 생각나는 대로 써 보세요.

사과할 내용

예) 방 청소를 하지 않은 일
- 방 청소를 하지 않아 죄송함.
- 방 청소를 대신 해 주셔서 감사함.

예) 앞으로는 방 청소를 미루지 않고 열심히 하겠음.

> 말로 사과하기가 쑥스러울 때에는 진심을 담아 글로 써 봐!

생각 정리 생각나는 대로 쓴 것을 바탕으로, 사과하는 쪽지글에 쓸 내용을 정리해 보세요.

받는 사람 예) 엄마

있었던 일 예) 방 청소를 하지 않은 일

전하고 싶은 마음 예)
- 방 청소를 한다고 하고 하지 않아서 정말 죄송합니다.
- 평소에 저 대신 엄마가 방 청소를 해 주셔서 감사합니다.

앞으로의 다짐 예) 앞으로는 방 청소를 미루지 않고 열심히 하겠습니다.

쓴 사람 예) 지호

받아쓰기 받아쓰기가 틀린 것을 바르게 고쳐 쓰고, 100점짜리 답안지를 만들어 주세요.

보기

X. 음악회에 초대합니다. → 1. 음악회에 초대합니다.

사랑지 채점하기 / 100점 만들기

1. 박수도 많이 쳐 주세요.
2. 아픈 것도 잊었지 뭐야.
3. 너는 줄넘기를 참 잘해.
4. 꾸중을 듣게 되잖아.
5. 꽃병을 깼잖아.

글을 쓰는 방법 여러 가지 쪽지글을 쓰는 방법으로 알맞으면 ◎에, 알맞지 않으면 X에 ○표 하세요.

초대하는 쪽지글에는 누가, 누구에게, 언제, 어디에서, 무슨 일로 초대하는지를 씁니다. ◎ X

고마운 마음을 전하는 쪽지글에는 '미안해.', '죄송합니다.' 등으로 마음을 표현하는 말을 씁니다. ◎ X

칭찬하는 쪽지글에는 상대가 잘하는 점이나 노력하는 점 등을 칭찬해 주고 싶은 일과 칭찬하는 말을 씁니다. ◎ X

부탁하는 쪽지글에는 부탁하고 싶은 일과 그 일을 부탁하는 까닭을 자세히 쓰고, 예의 바른 말을 사용합니다. ◎ X

사과하는 쪽지글에는 내가 잘하는 것, 나의 자랑거리 등을 자세하고 재미있게 씁니다. ◎ X

해설 | 칭찬하는 쪽지글에는 상대가 잘하는 점이나 노력하는 점 등을 칭찬해 주고 싶은 일과 칭찬하는 말을 씁니다.

해설 | 고마운 마음을 전하는 쪽지글에는 '고마워.', '감사합니다.' 등으로 고마운 마음을 표현합니다. 사과하는 쪽지글에는 잘못한 일에 대해 쓰고 '미안해.', '죄송합니다.', 잘못한 일에 대해 미안한 마음을 표현합니다.

쪽지 나무 만들기

자기 자신이나 생각나는 사람에게 쪽지글을 써 보세요.

힌트: 한 줄에 한 단어로 표현해도 됩니다.

해설 | 상황에 어울리게 쪽지글을 씁니다.